U0942243

聖經鳥瞰

進深篇

黃錫木著

▼

聖經通識叢書

聖經鳥瞰

進深篇

The Fundamentals of the Bible

Advanced Level

作者
黃錫木 Wong, Simon S.M.

系列編委
張達民、張略、孫寶玲、黃錫木

審閱
黃鳳賢

執行編輯
許寶瑩、羅慧琪

內文插圖
伍愛清

內文排版設計
莫可雅

封面設計
胡立強

■

出版／發行
基道出版社
香港沙田火炭坳背灣街26號富騰工業中心1011室
LOGOS PUBLISHERS
Unit 1011, Fo Tan Ind. Centre, 26 Au Pui Wan St., Shatin, Hong Kong
電話：(852)2687-0331　傳真：(852) 2687-0281
網址：http://www.logos.com.hk

承印
基業印刷廠有限公司

●

10/2002初版　7/2004二版
Cat. No. LP142-2A
ISBN-10: 962-457-221-6
ISBN-13: 978-962-457-221-6

刷次	11	10	9	8	7	6	5	4	3	2
年份	2019	2018	2017	2016	2015	2014	2013	2012	2011	2010

言

《聖經鳥瞰——進深篇》是《聖經鳥瞰——基礎篇》的延續，合併兩本書對聖經整體性的探討，就是「聖經通識叢書」整個第一階段課程的內容。

《聖經鳥瞰——基礎篇》主要探討「聖經是甚麼？」這問題。簡單而言，聖經是一本由66卷書（某些宗派的聖經多了10多卷，一般有78卷）結集而成的古籍文獻集。這近1,000,000字（以一般中文聖經計算）的內容不單單是古代聖賢的訓誨，更完完全全地代表著上帝的啟示，並展示著上帝與不同時代的人所立的盟約。這數十卷書可分成舊約和新約兩部分，從基督教信仰的角度來看，這兩部分的關係非常密切。

然而，我們可以再仔細思想，究竟我們今日的聖經與一、二千年前的聖經有何分別呢？事實上，今天我們所讀的聖經經卷如羅馬書和但以理書，的確與昔日保羅所寫的羅馬書，或耶穌時代的人所讀的但以理書有顯著的分別。即使我們已通曉聖經原文，問題也不是迎刃而解，因為聖經已經過兩、三千年的流傳，我們又怎知道今日的原文版本就是保羅和其他聖經作者所寫的原來文本呢？此外，在《基礎篇》已經提及，舊約聖經其實早已有兩個版本，一個長、一個短，究竟哪一個才是真正的「舊約」版本呢？我們不期然會問：「甚麼是聖經？」雖然這些問題未必有標準、黑白分明的答案，但既然基督教信仰是以聖經為中心，我們就必須認真地思想這些問題。

《聖經鳥瞰——進深篇》的目的是要引導讀者深入思考「甚麼是聖經？」這問題，共分3章，首兩章分別討論聖經的形成和流傳問題，其中涉及新舊約成典經過、正典的神學和聖經證據的來源等課題；第三章則試圖探討一些較深入的聖經詮釋問題，帶出文化與歷史問題在研經時造成的理解困難。

本書所討論的課題較為複雜，筆者建議讀者宜先對聖經有基本的認識，若能先閱讀《聖經鳥瞰——基礎篇》，當然更佳。

與《基礎篇》相同，除特別標示外，本書所引用的聖經譯文全是取自《現代中文譯本修訂版》(1995)；然而，內文不時附有《和合本》的經文，以作比較。

黃錫木

目錄

第一章

聖經的形成

- 「正典」神學的本質或歷史的演變
  - 舊約成典的經過
  - 舊約次經
  - 新約成典的經過
  - 新約次經
- 「正典」的神學
  - 「正典已完結」
  - 「正典中的正典」

世界上很多宗教都有代表自己信仰的經書，但不是每個宗教都有一部被認可和帶規範作用的經書。佛教有很多不同種類的佛經，這些經書反映不同地區派系的特色；雖然不同派系各自有不同的偏愛，但嚴格來説，這些經書彼此是沒有排斥的。然而，有些同樣以「書」為核心的宗教就未必有這樣的包容性，它們只承認一小部分書卷，並視之為「正規典籍」，是神聖不可侵犯的，亦不可增刪；這些經書一般就稱為「**正典**」。

除了猶太教和基督教，伊斯蘭教也有其正典經書，收錄在《可蘭經》內。

英文*canon*（「正典」）一詞可能源自希臘文或希伯來文，無論是哪一者，意思都非常接近，且可引申出多種意義，主要圍繞著「直」這意思，例如指建築工人所需用的「鉛垂線」，或指以前抄寫聖經的人的「直尺」。在宗教用語上，這詞可指一種概念上的「標準」或「規範」（拉丁文：*norma*），例如早期的教父（即當時的教會領袖和作家）就經常用「真理的規範（正典）」或「信仰的規範（正典）」等短語，來指基於信仰或真理的生活守則。

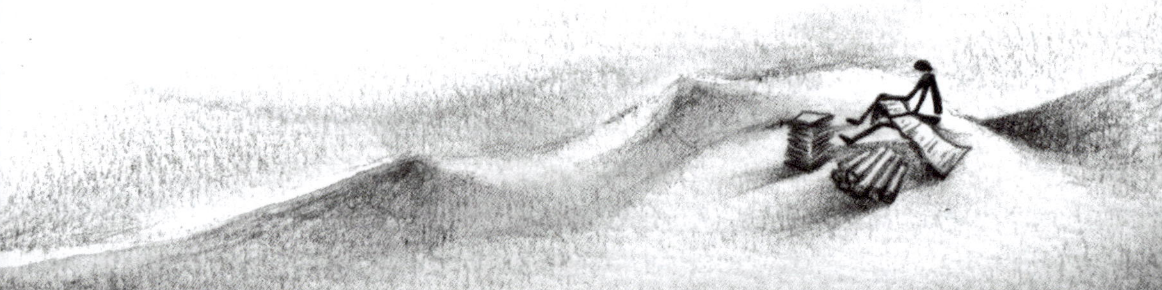

基督教是一個強調「正典」的宗教。對於某些已經習慣使用現有聖經的信徒來說，接納這66卷書是自然不過的事，但對於初信或未信者來說，他們很自然會問：「為甚麼舊約聖經只有39卷書，而新約聖經又只有27卷？究竟是誰決定哪些書卷應該被納入聖經中？」這些問題相當複雜，但卻又多麼重要。

本章分別討論舊約和新約正典形成的過程。鑒於初代教會的濃厚猶太教色彩，教會一開始就有很清晰的正典觀念（即舊約正典）。毫無疑問，這種發展成熟的「正典觀念」當然大大幫助了新約教會釐定自己的規範性經書。今日我們透過早期教父所提供的資料，自然較易捕捉新約聖經的成典經過，但要了解舊約聖經的成典過程，卻有很多基礎性的問題必須先問，例如：猶太人這「正典觀念」是從何而來呢？這個觀念在古代的宗教文化裏可謂絕無僅有。因此，在有關聖經成典過程的討論中，我們就必須界定清楚，所用的角度是從神學的本質出發，還是從歷史的演變出發。

正典：神學的本質或歷史的演變

在探討聖經成典的經過時，有些大前提是必須弄清楚的。從神學本質的角度看，我們必須確認，當上帝所揀選的聖經作者在其書裏畫上最後一個句號時，這書卷就已經是正典的一部分了。換言之，聖經作者就是上帝的代筆人，在祂的默示之下寫出祂的啟示來。上帝的啟示固然不受人的支配，亦不會因人接受與否、或確認與否而影響其本質和地位，這就如無論人接受福音與否，福音依然是上帝的福音。因此，聖經書卷的正典性是「內在」的，而不是「外注」的。

不過，這些書卷的正典地位要在一個羣體中被確立起來，又實實在在必須經歷一個過程，其中必然涉及歷史和社會文化的因素。然而，雖說是歷史演變的過程，卻不是任由人意主導。我們必須知道，這些書卷之所以得到某羣體確認為「正典」，並非因為它們被「納入」正典或被「授予」權威的地位；反之，是因為這些書卷本身具有「內在權威」，使不同的信仰羣體能夠集體地把它們確認出來，因而必須「承認」它們為正典。在聖經成典的過程中，我們可謂見證到聖靈如何帶領不同的信仰羣體，作出一個下意識的集體決定。在討論聖經正典這課題上，我們的焦點將集中在這歷史演變的過程，因為關涉神學本質的討論原是信念的宣認，對於初信者以至未信者來說，未必能訴諸以理，反而會給人自圓其說的感覺；相對來說，歷史角度的闡釋就較為有迹可尋，容易明白。

舊約正典

廣義的基督教包括正教、羅馬天主教和基督新教，這3個派系的新約聖經書卷是完全相同的，但舊約聖經則略有出入。

承接著千多年的教會傳統，羅馬天主教和正教的舊約經卷都較猶太人聖經（或稱「希伯來文聖經」）的書卷多出好幾本，而某些原有的書卷亦增加了相當多的篇幅。我們通常稱這些多出的部分為「次經」（參《聖經鳥瞰——基礎篇》第二章中「舊約次經書卷」的討論）。在新教方面，由於宗教改革時期的新教領袖(如加爾文和馬丁路德)認為,猶太人聖經才可算為舊約聖經,因此,新教的舊約聖經就只沿用了猶太人的聖經傳統,將所有的次經書卷排除於正典之外。換言之,基督教其實有兩個舊約聖經的版本,各源自不同的傳統。下文的討論主要針對「猶太人聖經」的形成過程,但亦會簡單討論「次經」書卷的價值。

舊約正典觀念的形成

在新約時代,很多書卷(例如五經和所有先知書)都被猶太人視為至高的權威,代表著上帝啟示的核心,是所有猶太人生活和行為的準繩。然而,這種「以書為核心」的宗教意識並非是一朝一夕形成的;上帝向猶太民族啟示,可謂是從一種直接式的啟示,轉移到間接式(藉著代言人)的啟示,然後才是一種以書為核心的啟示。這個改變相當有趣,我們不妨從舊約歷史中尋找一些線索來追溯這個進程。

按舊約聖經的記載,在族長及之前的時期,上帝是直接向祂的子民曉諭自己的心意,例如上帝向亞當、夏娃、該隱、挪亞等人親自說話,亦向亞伯拉罕說話,指示他要離開自己的家鄉,遷至迦南地。有時,上帝也藉著如**天使般的使者**為媒介,向人顯現。當以色列民族漸漸成形,上帝轉移只向某些關鍵人物啟示祂的旨意,例如當選民離開埃及和在曠野飄流的過程中,摩西就成為上帝的代言人。耶和華很少直接向以色列人說話,而是藉著摩西將一切要求和誡命向以色列人陳明;接

參創世記十八章1至19節,上帝差遣天使向亞伯拉罕(當時稱為亞伯蘭)顯現,應許他妻子莎拉將會生一個兒子;創世記三十二章22至32節,雅各與天使的摔跤。

著摩西的是約書亞，後來還有眾士師、眾先知和君王，他們都在不同程度上扮演著上帝代言人的角色。

簡單來説，在這段相當長的日子裏，(古)以色列人並沒有意識要藉著「文字」和「書籍」來認識上帝，或作為其宗教生活的指引。這時期的以色列人信仰，依然是強調以「人」作為上帝與人溝通的媒介。直至猶大王約西亞(公元前640～609年)時期，以色列人才逐漸看重「經書」。列王紀下二十二至二十三章清楚地記載了整件事件。當時北國以色列國已經覆亡，而南國猶大國亦氣數幾盡，幸好當時猶大國還有一位賢君，名叫約西亞；他命人修葺聖殿，卻意外地發現了一卷「律法書」。當約西亞看見這書的時候，就立即認定這書的權威：「你們去為我和全猶大人民求問上主，查明這卷書的教訓是甚麼。上主向我們發烈怒是因為我們的祖先沒有聽從祂的話，沒有照這書上所記載的去做。」這記載反映了某些 王下22.13
書卷(如五經)在當時以色列人的羣體中已具有權威的地位。按這律法書的教訓，約西亞更實施了一連串的宗教改革，並重新向上帝立約：「王站在大柱旁邊，向上主立約，要聽從他，一心一意遵守他的法律誡命，並實行約書上所規定的命令。所有的人民都答應遵守這約。」 王下23.3

「法律書」、「律法書」和「律法」在原文並沒有分別，只是不同譯本的翻譯略有不同。在這一節，《和合本》和其他中文譯本均翻成「律法」。

雖然我們很難確定約西亞改革所涉及的範疇，但仔細閱讀列王紀下二十二至二十三章，我們不難發現作者確實花了很多筆墨描述這次復興，及「律法書」在這次復興運動中的重要性。若與第二十二章之前的經文相比，這焦點就更形明顯。

以《現代中文譯本修訂版》為例，「法律書」這詞在列王紀上只出現過**1次**，那就是大衛臨終前對所羅門王的囑咐。 王上2.3

從士師記至列王紀上所記載的幾百年歷史中，完全沒有展示法律書(或律法書)在以色列／猶太人羣體中的重要地位。至於在列王紀下，《現
王下22.8,11 代中文譯本修訂版》只提及3次，其中兩次出現在約西亞改革的記述，
王下11.12 餘下的一次則清楚地提到「法律書」，但文中其實並非指摩西的「法律書」，而是「有關王權條款的法律書」。

從這些經文可見，約西亞時期之前的日子，不單止是列王時期，甚至遠至士師時期，人民雖然非常尊重摩西的律法，但對律法「書」的觀念也是非常薄弱的。約於被擄回歸之後寫成的歷代志書，作者更曾用以下的話來描述以色列人的光景：「以色列已經好久沒有真神，沒有祭司
代下15.3 的教導，沒有法律。」我們不能肯定歷代志書作者的這番話是否有點誇大，但配合列王紀的記載，在約西亞之前的列王時期，以色列人的律法的確是相當廢弛的。

你可能會問：「那麼，在約西亞之前的日子，以色列人是否就沒有律法書呢？」這當然不是！約書亞記就曾多次提及「律法書」，可見這「律
書1.7~8; 8.31~32,34; 22.5;23.6 法書」必定早已存在，只是**我們已難以確定這「律法書」是否完全等同於今天的「五經」**。律法書雖早已存在，但在約西亞之前的時期，律法書的地位並不顯著，可見「以書為正典」的觀念大概仍未成形。不過，雖說以色列人對「以書為正典」的意識並不強，但這並不表示他們沒有「規範」的觀念。事實上，五經裏的誡命和規條明顯早已成為這規範的核心，而一直流傳下來的歷史故事(無論是完整的書卷或只是斷片式的內容)亦已經塑造了他們的宗教文化；這些規範都成為日後猶太教

例如據約書亞記八章32節的記載，約書亞在以巴路山上築一座壇獻祭，然後「當著以色列人面前，約書亞把摩西所寫的法律重新寫在石頭上」。難道他把我們今日的「五經」重新在石頭上抄寫一遍嗎？

羣體用來衡量其他書卷的正典地位的準繩(參下一節)。雖然有著如此的傳統規範，但卻因猶大國不時有惡王當政，耶和華的律法就往往不被重視。直至約西亞發現上帝的律法書，才積極地在全國實施宗教改革，好使全國徹底順從上帝的命令。列王紀的作者曾這樣總結約西亞的一生：「在他(約西亞)以前，沒有一個王像他那樣盡心、盡意、盡力地事奉上主，遵行摩西所頒佈的法律；在他以後，也沒有一個王像他那樣。」 王下23.25

約西亞時期可謂是以色列人信仰的一個轉捩點。自此，猶太人一方面重申五經的重要性，另一方面積極地將五經的內容加以整理，並多向人民宣讀和教導，力求普及化。而列王紀作者對約西亞復興律法的強調，就更表明了律法書在當時的信仰羣體中發揮一種新的功能，這新功能在聖殿被毀後可謂更為明顯。自猶太人被擄而散居在不同的地方以來，尤其在回歸及重建聖殿之前，律法書在猶太人的宗教和文化生活中已漸漸處於中心的地位。

及至文士以斯拉的時代，雖然聖殿重建始成，但我們卻見到聖經書卷(尤其是五經)可謂已取代了聖殿原有的中心地位，成為猶太人宗教和文化最重要的標記。這些律法書與聖殿的關係，其實原非此消彼長的，事實上，這些律法書也是在聖殿裏找到的。自耶路撒冷聖殿建成後，原來放置於約櫃內的十誡和律法書都移送並收藏在聖殿內，因此，在很大的程度上，收藏在聖殿裏的書卷就已經無形地為早期的正典定了界限，並早已具備等同於聖殿的中心地位。 出25.16,21; 40.20; 申10.1~5; 31.24~26

舊約成典的經過

在整本舊約聖經所記載的歷史裏，無論是早期的希伯來人，還是以色列人，抑或是被擄回歸後的猶太人，他們都肯定不會有我們今天所擁有的這麼齊全的舊約聖經。那麼，今天這39卷書的舊約聖經經目是在甚麼時候形成的呢？

《聖經鳥瞰——基礎篇》第二章已略為討論猶太人聖經（希伯來文聖經）與基督教聖經在分類上的差異，以下的簡表可展示彼此的異同：

希伯來文聖經	《和合本》／《思高聖經》	《七十士譯本》
妥拉	五經	五經
先知書	歷史書	歷史書
聖卷	詩歌智慧書	詩歌智慧書
	先知書	先知書

希伯來文聖經3種分類的排列次序，反映了猶太人對聖經不同部分的重視程度，換言之，妥拉（或五經）的權威是至高無上的，可謂是「正典中的正典」，其次是先知書，聖卷則再次之；另一方面，這3個分類的排列亦大致上反映了書卷被納為正典的先後次序，換言之，妥拉是最早成典的，而先知書和聖卷類別書卷的成典年期則較晚。

由於五經中的律例在猶太人的生活和文化中一直都佔有核心的位置，因此，五經是最早被猶太人廣泛地接納為神聖書卷的經書（約於以斯拉時期）。雖然一般人都會認為「五經」就是「律法」的書，但這並不十分恰當，因為實際上，律法式的體裁只佔五經的一小部分內容而已。不過，由於以色列羣體宗教生活的需要，五經的「律法」部分可能比敘事部分較早出現。

接著五經之後的是先知書。前先知書所包括的都是一些歷史性書卷(書、士、撒、王)，相繼闡述一段沒有間斷的歷史進程，由一個尚未成形的希伯來民族開始，直到猶大亡國為止。從建立和塑造猶太民族意識的角度來看，這些歷史性書卷都是非常重要的。至於後先知書(賽、耶、結，和十二小先知書)所記載的訓示，正代表著正統猶太教的神學思想，這是繼五經的誡命後最核心性的教導。除以西結書外，先知書卷的成典日期都相當早。

要具體界定五經和先知書被確認為正典的年期，主要取決於古代文獻對這兩類書卷的認信。有3段古代文獻的記載可以幫助我們解決這問題：

1. 第一段經文是出自舊約次經書卷中非常著名的《便西拉智訓》，作者的孫兒在序言(寫於公元前180年)中提及聖經時，以「法律、先知和其後的作家【或可翻成「其他經卷」】」這3組書卷作為代表。
2. 另一段經文亦是出自舊約次經，是寫於約公元前164年的**《馬加比二書》**，其中清楚提及律法書和先知書這兩組書卷。
3. 新約聖經有一些經文可以證明這兩組書卷的正典地位，而馬太福音二十三章35節就更可以進一步證明這兩組書卷在新約時代的完整性：「……從無辜的亞伯，直到你們在聖殿和祭壇之間所殺的巴拉加的兒子撒迦利亞的血債為止……」。這段經文雖沒有清楚指出希伯來文聖經中律法

《馬加比二書》2.13～15：「……尼希米建立了一個圖書館，收集大衛的筆記、列王獻祭的書信以及有關列王和諸先知事蹟的書籍……」。

《馬加比二書》2.13~15

太22.40; 路24.27; 羅3.21

參路11.51

書和先知書這兩個類別，但卻藉著兩件謀殺事件帶出希伯來文聖經開首的書卷和最後的書卷：亞伯被殺一事載於創世記四章3至15節，而撒迦利亞(這並不是施洗約翰的父親)被殺的事件則載於歷代志下二十四章19至22節。

關於第三段經文，有一點頗為複雜，需要澄清。**目前希伯來文聖經的最後一卷書是歷代志書**(但現行的中英文譯本都是以瑪拉基書作結)，因此，在表面上，馬太福音這節經文不單暗示了律法書和先知書的完整性，亦引證了整本希伯來文聖經的完整性。然而，事實又並非如此。根據最完整的兩份古老抄本，即《列寧格勒翻頁書抄本》和《亞勒坡翻頁書抄本》(參第九章)，歷代志上、下乃置在聖卷類別的開首，並非結尾。鑒於這些古卷的證據，一般學者的立場是，馬太福音這段經文只能暗示律法書和先知書的完整性。

這個排列也見於中世紀時期面世的聖經和今天的希伯來文聖經，但卻沒有抄本證據的支持。

至於根據第一、二份資料，我們大概可以證明，早於公元前2世紀，五經和先知書的正典地位已得到確立。然而，後期拉比卻經常討論以西結書的地位，主要是因為該書第四十至四十八章中，對各種禮儀和聖殿的描述與五經難以協調，並且書中對未來聖殿的描述與所羅門或回歸後重建的聖殿均大不相同。

至於「聖卷」類書卷的成典年期則較難一概而論，乃要視乎個別書卷而定，如詩篇、歷代志上、下等，可謂是這類別中較早成典的書卷，但另一些書卷如**箴言**、**以斯帖記**、**傳道書**和**雅歌**等，在不同地區的猶太教

箴言中玄妙的說話使後期的拉比認為這書充滿矛盾(參箴二十六4～5)；以斯帖記沒有提及「耶和華」的名字；傳道書那消極、憤世嫉俗的口吻容易使人對傳統信念失去信心；雅歌對男女之愛的描述則太露骨。

羣體中所得到的確認程度卻有所參差；**其正典地位更曾於公元3、4世紀受到一些拉比的質疑**。事實上，除了路加福音二十四章44節(「摩西的法律、先知的書，和詩篇」)之外，在新約聖經中，就再找不出一節暗示第三類別書卷存在的經文。而在舊約次經中，即使提及這類別書卷，其名稱也時有不同，根據《便西拉智訓》的序言和公元1世紀的猶太裔學者約瑟夫的著作，第三類別書卷就稱為「其他書卷」。此外，在這第三類書卷中，有些書卷的文本連固定的版本都沒有。就以但以理書為例，這書的寫作年份很難定斷，有說是公元前6世紀，也有說是公元前2世紀；無論這書是寫於哪個年份，在新約時代已經有兩個不同的但以理書版本同時流傳，其中一個是希伯來文版本，另一個則是希臘文版本，後者較前者多了3份補篇，即《蘇撒拿傳》、《三青年之歌》和《彼勒與大龍書》。不單如此，更有證據顯示，在新約時代，希臘文版本的但以理書亦有兩個不同的版本。

綜觀以上分析，舊約聖經的成典到底是在哪年完成呢？這實在難以定論。傳統認為是在耶穌時代，也有認為是在公元1世紀末，甚至延至2世紀末。不過，有一件事可以支持舊約正典於公元2世紀中期還未定案。公元2世紀有一名撒狄城的主教，名叫美利托(Melito of Sardis，公元195年卒)，他曾遠赴巴勒斯坦(可能到過耶路撒冷)查考猶太人聖經所包含的書卷，在他列出的經目中，竟然缺少了以斯帖記。美利托查考的結果顯示了一個相當保守的猶太教羣體的立場，這保守的立場顯然不是所有猶太人羣體所採取的。或許我們會問：為甚麼美利托要長途跋涉往耶城去？

難道撒狄城沒有猶太人羣體可讓他諮詢嗎？事實上，考古學家在撒狄城就發現了一座大約建於當時的猶太人會堂。那麼，為甚麼美利托仍要遠赴耶城呢？這正正因為他知道不同的猶太人羣體所沿用的聖經會略有出入，所以他才要到猶太教的「大本營」去尋過究竟。由此可見，在公元2世紀中期，舊約正典還未完全定案。

我們要切記：雖然聖經書卷的權威性是內在的、是上帝所賜予的，但書卷的成典經過確實受到羣體的認受所影響，兩者是彼此互動的。在這互動的過程中，我們可以見證不同羣體的確認速度或有所不同。至於這些個別的不同如何影響整個羣體對這些書卷的確認，就很難定斷了。總括來說，除了某幾卷書是經常備受爭議之外，一般學者認為，整本希伯來文聖經的蒐集和成典，大概於公元2世紀期間已完成。

舊約次經又如何？

前文已經提及，基督教實際上有兩個舊約聖經的版本，上文所討論的只是其中一個版本的形成，即希伯來文的猶太人聖經，亦是大多數新教信徒所採用的舊約聖經。本節要介紹的是另一個版本的舊約聖經，其中所包括的經目較希伯來文聖經多了所謂的「次經書卷」(有關這些次經書卷的名稱，可參考《聖經鳥瞰——基礎篇》第二章)。最早納入這些書卷的聖經，大概是希臘文的猶太人聖經，稱為《七十士譯本》，然後是拉丁文譯本的《武加大聖經》。

基本上，次經書卷並沒有一個固定的經目，不同信仰羣體的次經經目都各有不同。其實，本書稱這些書卷為「次經」(apocrypha)，明顯是從站在新教(或更正教)的立場來說。天主教給這些書卷的官方名稱則是「後典」或「第二正典」(deuterocanonical)，因為天主教認為這些書卷是屬於聖經的一部分，只不過在較後時期(即1545～1563年的**天特會議**；英：*Council of Trent*)才確認它們的正典地位。天主教之所以對次經如此重視，是因為在教會歷史中，次經書卷都為大多數教會所使用(雖然不是每個羣體都視之如正典一般)；甚至有證據顯示，在公元1世紀，不少猶太人羣體都採用某些次經書卷(事實上，幾乎所有「次經」書卷都是源自猶太教的)；而某些新約書卷(如猶大書)的作者，亦引用了這些次經的內容來作為他們寫作的材料。

「天特會議」是羅馬天主教在改革運動後的第一次大公會議，會中首次明確地表述其對「次經」的立場。

舊約書卷綱目(*表示次經書卷)

《和合本》	《思高聖經》	《七十士譯本》
「五經」	「五經」	「五經」
約書亞記	約書亞記	約書亞記
士師記	士師記	士師記
路得記	路得記	路得記
撒母耳上、下	撒母耳上、下	列王紀一、二(即撒上、下)
列王紀上、下	列王紀上、下	列王紀三、四(即王上、下)
歷代志上、下	歷代志上、下	歷代志上、下
以斯拉記	以斯拉記	*厄斯得拉一書
尼希米記	尼希米記	厄斯得拉二書(包括以斯拉記和尼希米記)

	*多比亞斯傳＝多比傳	以斯帖記(＋*補篇)
	*友弟德傳＝猶滴傳	*猶滴傳
以斯帖記	以斯帖記(＋*補篇)	多比傳
	*瑪加伯上、下＝馬加比一、二書	*馬加比一、二書
約伯記	約伯記	*馬加比三書
詩篇	詩篇	詩篇＋*詩一百五十一
箴言	箴言	瑪拿西祈禱
傳道書	傳道書	約伯記
雅歌	雅歌	箴言
	*智慧篇＝所羅門智訓	傳道書
	*德訓篇＝便西拉智訓	雅歌
以賽亞書	以賽亞書	*所羅門智訓
耶利米書	耶利米書	便西拉智訓
耶利米哀歌	耶利米哀歌	何西亞書
	*巴路克書(＝巴錄書)＋*耶利米書信	阿摩司書
以西結書	以西結書	彌迦書
但以理書	但以理書(包括*三青年之歌、*蘇撒拿傳和*彼勒與大龍書)	約珥書
十二小先知書	十二小先知書	俄巴底亞書
		約拿書
		那鴻書～瑪拉基書(共6卷書)
		以賽亞書
		耶利米書
		*巴錄書

		耶利米哀歌
		*耶利米書信
		以西結書
		但以理書(包括 *三青年之歌、*蘇撒拿傳和*彼勒與大龍書)
		*馬加比四書(附錄)

雖然宗教改革時期的更正教學者(如馬丁路德和加爾文等)都反對將次經書卷納入舊約正典，但他們仍肯定次經書卷對信徒的價值。馬丁路德在這方面的看法，可用他的一句名言來表達:「次經並不等同於聖經，但仍十分有用，且具閱讀價值。」這話可算總括了改革時期更正教的立場。然而，到了今天，不少新教教會對次經所持的立場卻極為保守，甚至加以排斥。這主要因為一般新教信徒都傾向將「次經」與「羅馬天主教」混為一談，且把宗教改革以前的教會歷史等同於羅馬天主教的歷史，於是，他們也就自然與宗教改革以前的歷史傳統分割開來。嚴格來説，宗教改革以前的教會應該稱為「大公教會」，如果沒有「新教」出現，也就沒有「羅馬天主教」這名稱。所以，次經是屬於「大公教會」的，是基督教會應繼承的傳統，而不是羅馬天主教獨享的遺產。新教信徒應該嘗試以宗教改革時期的學者對次經所持的態度，重拾這方面的教會遺產。

至於聖公宗把這些次經書卷整編在舊約聖經和新約聖經中間，並不表示他們視這些經書為正典。英國聖公會在1562年的「三十九條」條文裏清楚表明:「英國聖公會會誦念它們，為得著生命的榜樣和禮儀的教導，但不以它們奠定任何神學教義的基礎。」

有人可能認為，既然次經不帶有正典聖經般的權威，就不應與正典聖經合編在一起，以免混淆視聽。但事實上，今天已有許多聖經研讀本出版，除了舊約和新約的66卷書外，為幫助我們了解聖經，還加插了很多聖經以外的資料，例如輔讀資料、學者的經文註釋、地圖等等，大概我們都不會視這些與聖經合編在一起的資料為「正典」吧！

溫習及思考問題

a. 一直以來，以色列人都是靠「人」作為上帝的代言人；直至在約西亞時期之後，他們才逐漸意識到要藉著「文字」或「書籍」來認識上帝。這種由「人」轉為「書」的方式，是否也會見於人類社會其他方面（如政制）的發展呢？你認為這兩種方式各有甚麼好處？

b. 你對「口述流傳」的過程有何看法？

c. 一些被聖經作者引用的文獻資料，本身並不帶有如聖經般的權威和正典性，但所引用的部分就帶有正典性，原因何在？

d. 哪些舊約書卷較先被納為正典呢？試從猶太人的宗教信仰和文化兩方面說明其中原因。

e. 你認為為何在公元3、4世紀時，拉比會經常就以斯帖記和傳道書的正典地位作出討論？

f. 從歷史角度來看，羅馬天主教於何時才正式確認舊約次經的正典地位？

新約正典

新約聖經讓我們清楚看到，早期基督教會是在猶太教的基礎上建立起來的。起初的信徒絕大多數是猶太人，更有不少猶太教的聖職人員成為信徒，而教會信徒的宗教生活基本上亦與猶太人的非常相似。教會成 徒6.7
立之初，門徒仍堅持「天天在聖殿……傳揚有關基督耶穌的福音」；他們 徒5.42
所用的聖經，當然亦是猶太人的聖經（即我們的舊約聖經），這是很明顯的，因為主耶穌在世時也經常引用猶太人的聖經，而新約作者在寫書時，亦經常引用猶太人聖經的經文。

事實上，新約聖經所提及的「聖經」和「正如聖經上說」都是指猶太人的聖經，這點是清楚不過的；雖然在這個時候，猶太人的聖經還未完全定案，但無論如何，新約教會首先接納為正典的就是猶太人的聖經。然而，為要確立基督信仰的獨特之處，新約教會就必須與猶太教分別開來。在某程度上，教會的成立就已經在信仰生活方面確立了基督徒這新羣體；若要更確切地建立基督徒的身分，就必須在已有的正典(指舊約聖經)上建立新的規範和正典。

與舊約正典形成的過程相比，新約正典的形成過程就顯得較為具體和容易掌握。透過歷代教父在他們著作中的引述，我們可具體地追溯新約書卷被這些教會領袖(甚至可以引申至他們的教會和教區)認受的過程。我們深信整個過程都是在聖靈的保守下進行的。

新約成典的經過

雖然首先面世的新約書卷是保羅的書信，然後才是其他的書卷和4卷福音書，但福音書卻是最先被確認為正典的書卷。

無論是哪一卷書，作者和原初的讀者都從沒想過這些書卷就是「聖經」的一部分。事實上，成典的過程往往需要一段時間；經過不同時期、不同地區和不同信仰羣體的流傳，正典才能孕育而成的。因為人不是機器，不會按著程式而活動，所以信仰經驗不同的人對各書卷接受的程度和快慢都不一樣。正如上帝的啟示是潛移默化地進入作者的思維裏，信徒和眾教會確認各書卷為上帝的話語(我們稱這過程為新約正典形成的歷史)，也同樣是在潛移默化中被聖靈感動，才可漸漸認出正典來。我們甚至可以把新約成典的經過視為聖靈默示的第二個階段。

在這一節，我們嘗試簡述聖靈如何帶領這個新約成典的經過。其中將提及很多早期教會的領袖和學者，我們相信，他們對各書卷的立場不單代表著他們自己的看法，亦同時反映他們所屬牧區的共識。整體來説，這過程可大致分為3個階段。

第一階段(公元1世紀末至公元2世紀中期)

帕皮厄斯(Papias of Hierapolis；公元60～130年)的著作已經散失，只見於後期教父(如優西比烏)的引述中。

這段日子橫跨「口述」到「筆錄」的轉接時期。前一節已經約略介紹過這個轉接的情況。

公元2世紀初，希拉波立主教**帕皮厄斯**在其聖經註釋中，就曾將那些載錄主耶穌言行的文獻與那些「口述的見證者」加以比較，他說：「我一向不認為書本所能給我的知識，可媲美我從那活生生的、永恆的聲音中所能得到的裨益。」(載於優西比烏《教會歷史》3.39.4)這番話似乎表明了，帕皮厄斯重視那不受文字記錄牽制的口述傳統，過於當時已經流傳的福音書卷。由此可見，在這個時期，福音書卷的「正典」地位尚未奠定。雖是如此，亦不表示這段時期的教會領袖(或教父)不重視新約聖經的書卷，而是說，雖然他們漸漸察覺新約各書卷的權威和規範性，但這種權威卻不能與當時仍活生生的見證人等量齊觀。

又名殉道士游斯丁(Justin Martyr；公元100～165年)，他畢生致力於在其他宗教(包括猶太教)人士中為基督教信仰辯護。

到了第2世紀中期，教會逐漸視那些記錄主的事蹟和話語的「文獻」——即福音書——等同於「主的話語」本身，並看兩者在本質上並沒有分別。在這方面最早和最清楚的見證，可算來自羅馬護教士**游斯丁**的著作。根據他的著作中的直接和間接引文，我們可以推論，在2世紀中葉的羅馬教會裏，3本符類福音書卷(約翰福音的地位仍未確立)不單已為人認識，且已在公開崇拜中被誦讀。雖然游斯丁很少提及「福音書」這名稱，但卻常用「回憶錄」(複數)這個專稱。根據其他文獻的記載，我們可以肯定游斯丁所謂的「回憶錄」，其實就是指福音書。至為重要的是，游斯丁在提及這些使徒們的「回憶錄」時，他不單把這些書卷與舊約聖經相提並論，甚至更刻意把它們排列在舊約聖經之前，暗示它們比舊約聖經擁有更高的權威。

參《護教書一》1.65~67

游斯丁可謂是展開新約正典成形期的一位關鍵人物。雖然他亦有如之前的教父一般，在引用福音書時，常隨意調動福音書的用語，然而，因著確認這些書卷乃源自主耶穌基督的話語和傳統，游斯丁確實嘗試為福音書卷(3本或4本)確立其「規範式」的權威地位，使之與舊約聖經並列。

第二階段(公元2世紀中期至2世紀末)

在這時期，由於有一些人所傳講的主耶穌與傳統的信念有所出入，教會領袖和信徒愈來愈感受到有必要為「新約正典」設定界線，一方面為分辨上帝所默示的經典，另一方面則為防備異端滲入教會。

一個直接與「正典」這課題扯上不可分割的關係的早期異端，就是源於第2世紀的**馬吉安**。馬吉安完全支持保羅「因信稱義」的教訓，但卻把這觀念極端化，認為舊約的教導已經過時，舊約的那位「耶和華」也及不上「主耶穌基督」和「天父」。因此，他堅持一個「純新約」的正典，極化「耶穌是惟一的啟示」

馬吉安(Marcion；公元160年卒)原是一名富有的基督徒，曾多次被不同教區逐出教會。

的觀念，認為基督信仰只能有主耶穌而不應該有舊約的耶和華，任何舊約的成分都要一概摒棄。既然新約的啟示和承載這啟示的正典都不能包括與舊約有關的猶太教元素，所以在他所編纂的新約正典中，就只有路加福音和保羅的10封書信（不包括教牧書信）；他甚至更仔細地剔除這11卷書中的舊約引文或帶有舊約教訓的經節。

在這情況之下，教會的領袖和信徒更感釐定「新約正典」是刻不容緩了。馬吉安可謂代表著一個「收縮的正典」觀（narrow canon），意即把本來應該歸入正典的書卷刪去；另一個與馬吉安理論相反的是「擴張的正典」觀（expanding canon），那是在馬吉安之後（約2世紀末）的**孟他努**所提出的主張。孟他努認為上帝的啟示從未止息過，祂在舊約時代藉著祂的先知啟示自己，在耶穌的時代則藉著耶穌的言行和他的門徒來啟示自己，同樣，在繼後的任何一個時代，上帝依然會藉著不同的人帶出新的啟示。若由此神學觀念推論下去，則正典就沒有一個固定的規限，會隨著時代而變更，正典的內容一方面會順應時代而不斷膨脹，同時舊的啟示也不斷被新的啟示所取代；換言之，教會就不再有如舊約般穩定的正典了。

孟他努（Montanus）原來可能是一位異教的祭司，後歸信基督教。他聲稱自己得到聖靈的新的澆灌，成為上帝新的默示的中介。

馬吉安和孟他努這兩種異端可讓我們看到早期教會的兩個情況：

1. 在第2、3世紀期間，的確有很多教會領袖和信徒十分關注「新約正典」的成立，馬吉安和孟他努這兩種異端正代表著正典問題上兩個極端的取向；
2. 這兩種異端以及其他經書的存在，必定為教會帶來很多憂慮和不安，更促使教會領袖積極關注有關正典的問題，甚至為「正典」訂下一些分辨的原則；孟他努的理論正正提醒教會領袖，必須要把「正典」從眾多的文獻中判別出來。

約於2世紀末，第一份較接近我們現有的新約聖經的正典經目終於面世，名為**《穆拉多利經目》**。內文並非只列舉一系列書名，而是仿似一篇新約導論的文章，介紹每卷新約聖經，以及與新約聖經有關的文獻。一般而言，所有這類的經目所列出的內容（或書卷）均不帶指導性的制約，而只是描述性的表述，反映當時、甚至更早期間教會對正典的共識。因此，我們可以說，《穆拉多利經目》所展示的新約正典，反映了公元2世紀期間，以拉丁文為主的基督教會的新約聖經的內容。其中所列舉的經目包括4本福音書、使徒行傳、保羅的13卷書信、約翰一、二書、猶大書和啟示錄。不過，這表列亦包括一些次經文獻（如《所羅門智訓》）。學者相信，《穆拉多利經目》代表著第2世紀正統基督教會所審定的新約正典的雛型。

《穆拉多利經目》(Muratorian Canon)是在公元170至180年間源於羅馬的作品。

第三階段（公元3、4世紀）

自《穆拉多利經目》以後，愈來愈多教會領袖提出新約正典的表列。他們的表列與我們現存新約聖經的書卷非常接近，例如四福音書、使徒行傳和保羅書信等，幾乎已成必須的部分；但另有一些書卷，主要是大公書信（包括希伯來書）和啟示錄，則仍在斟酌討論中。特別是希伯來書和啟示錄，更成為東、西教會分歧的所在。

早在第2世紀，早期教會基本上因著地理因素和語言差異而分為東教會和西教會。東教會主要包括亞歷山太、安提阿等地方教會，溝通和書寫的語言以希臘語為主，因此，在舊約聖經方面，主要採用希臘文的舊約聖經，即《七十士譯本》。西教會則主要包括羅馬、非洲北部的迦太基等地方教會，語言以拉丁語為主，因此，主要採用拉丁文的舊約聖經。第3、4世紀期間，在有關新約正典的討論中，大多數東教會的領袖都質疑啟示錄的正典地位，因為書中所提到的象徵和意象有礙信徒在屬靈層面上的探索；至於西教會方面，由於希伯來書的作者身分始終難以確定，其正典地位因此成為主要的討論課題。

雖然自第2至第4世紀期間，已有不少教會領袖見證我們現存的新約27卷書的正典地位，但傳統對「新約正典」正式被確認的日子，則算於第4世紀。在東教會方面，對新約正典的正式確認，一般以**亞歷山太教父亞他拿修**於367年的復活節所寫的第三十九封《節期書信》(Thirty Ninth Festal Letter)為準；而西教會的官方確認，則以393年希普會議(Synod of Hippo)為準。

亞歷山太教父亞他拿修(Athanasia of Alexandria，公元296～373年)是非常重要的正統教父，他對基督教三一神論的貢獻很大。

在探討新約正典形成的歷史時，我們難免會覺得新約聖經總是像教會歷史的產物一般，被教會領袖或學者的權勢或學識所壟斷。其實不然！反之，在這幾個世紀裏，我們根本看不到任何會議舉行，去決定或否決哪本書是正典，更看不到任何以投票方式去選取書卷成為正典的舉動。教會領袖所扮演的角色，並不是要賦予任何新約書卷正典的地位和權威，而只是把一些書卷的「正典性」發掘出來，並加以公開確認。換言之，新約正典形成的歷史進程，並非一個逐步「添加」入選的過程，而是以「刪減」為原則，即在當時眾多的文獻中進行篩選，從中確認出上帝所默示的文獻。

我們相信，這些正典書卷已內含相當的權威，以致信徒在閱讀時，可以很自然、又很清晰地察覺這27卷書的權威，那是其他書卷不能相比或仿效的——儘管是同一位作者(如保羅)的作品，都不一定帶有這相同的神聖權威。因此，我們可以說，新約正典的形成是一個集體下意識式的認受，絕非一個人或一小撮人的意向所能轉移或改變的。

新約次經又如何？

就如今天有不少人從事基督教文字工作一般，在早期教會時期，也有不少信徒和領袖從事寫作，其目的是傳揚基督的信仰、作神學上的討論和交流等。其中也有不少是非常好的作品，不偏不倚地建基在主耶穌和使徒的教訓上，如很多早期教父的著作和許多匿名的作品。不過，**絕大多數的教父都會清楚地把自己的作品與新約書卷分別開來，**並不相混。此外，有另一類基督教文獻刻意模仿新約書卷的體裁和內容，以致當中有些作品，可能曾一度被某些教會羣體所接受或重視，然而，卻始終未被列入正典內。我們稱這些書卷為新約次經。

例如安提阿的主教伊格那丟(Ignatius of Antioch；公元35～107年)在一封寫於1世紀末的書信中(《致他拉勒人書》3.3)，就著意將自己的訓示和使徒的訓示分開：「我不想吩咐你們，如彼得和保羅一般，因為他們是使徒」。

舊約次經在整個基督教界中的地位相當高，這一點我們在「舊約次經」一節中已經討論過。相比之下，新約次經的重要性就不容易一概而論。因為這類書卷的數量相當多，所涉及的時期亦相當長，所以個別書卷的價值往往要視乎

例如寫於公元2世紀中期的《雅各原始福音》(Protevangelium of James),內容主要記載耶穌出生前後的事蹟。

其寫作年期而定。其中成書時期較早、價值亦相對較高的是**次經福音書類**。這類次經主要編寫於公元2世紀,故保留了很多寶貴的歷史資料,與正典福音書所反映的「耶穌傳統」亦有很多吻合的地方。就如福音書作者在編寫福音書時,從沒有想過自己的作品會被日後的教會確認為聖經一樣,這些另類福音書的作者也沒有視自己的書卷為次經,事實上,當時新約正典還未完全被確立,正次之別根本還未顯明。

至於那些寫於更後期的新約次經書卷,則往往**已摻雜了當時的哲學或其他宗教的思想**,因而會威脅到正統基督教教義的發展。這些次經書卷的作者大多數都是知識分子,他們可能想透過開放兼容的交流和對話,把基督教的信仰介紹給其他宗教的信徒,但結果卻反而使基督教信仰的特質變得模糊,甚至貶低了聖經真理的獨特性。我們統稱這些原於基督信仰,但卻偏離了正統教義的派系為「異端」。

例如一些行傳類和天啟文學類書卷,就往往摻雜了當時諾斯底主義的思想。

溫習及思考問題

a. 甚麼原因促使有關耶穌言行的流傳由「口述」方式發展成「筆錄」方式?

b. 作為「新」規範的傳承者需要有甚麼條件呢？這條件對於新約正典的形成有何重要？

c. 按文中所引述帕皮厄斯的一番話，你認為他正身處「口述」還是「筆錄」的時代呢？

d. 根據上文的簡述，你認為有甚麼因素加速了整個新約成典的過程？

e. 倘若有人問你：「新約聖經在哪年成典？」你會怎樣回答？

正典的神學

正典所涉及的神學問題其實很廣泛，前面兩節主要討論舊約和新約正典的形成過程，本節將就正典所引發的兩個神學問題，作出反省和檢討：

1. 新舊約66卷書是否就是上帝所默示的全部內容？今天的信徒可否在其上加以增修呢？這些問題均牽涉到所謂「正典已完結」這課題；
2. 雖然聖經每卷書都具有正典地位，但這些書卷之間是否仍有等次之別呢？換句話說，我們可否接納「正典中的正典」這觀念呢？是否有些正典比其他正典更為核心和重要？

其實，這兩個問題正反映著第2世紀孟他努和馬吉安兩個異端的影子。第一個問題較簡單，我們先從這點入手。

「正典已完結」

正典是否已經完結呢？新舊約66卷書是否就是上帝所默示的全部內容？答案是「肯定」的。

在一個講求人權、民主和自我中心的社會，要接受這個幾近獨裁和霸道的答案是很困難的。也許很多人會問：「倘若早期教會那三、四百年裏的信徒可以參與新約正典的確認，21世紀的信徒為甚麼不可以呢？難道我們沒有這權利和辨識的能力嗎？再者，在改革時期，馬丁路德和加爾文等人既可以完全剔除那些一直在中世紀教會沿用的次經書卷，重新界定舊約聖經的正典只有39卷書，那麼，今天的教會又可否對改革時期的正典界線再予以修訂呢？」

這些「為何他們可以……，我們不可以……」的問題是無窮盡的，亦非常感性。至於較理性的問題則如：「倘若今天我們發現保羅的其他書信，如哥林多一書和三書，我們可否把它們列入正典呢？」事實上，在過去

參林前5.9
參林後2.3-4;7.8,12

10年來的新約研究中，其中一個熱門的課題就是**《多馬福音》**，的確有不少學者認為這本福音書所載有關主耶穌的語錄非常真確，故應列為新約正典的一部分。

《多馬福音》(Gospel of Thomas)寫於公元2世期中期；這書並沒有敘述性的內容，全是語錄式的記載。

無論是感性或理性的問題，都是很合理的問題，正因為這緣故，要給這些問題圓滿的答案是很不容易的。在這課題裏最關鍵的一點是，我們能否承認新約教會成立之初和隨後的早期教會時期的確是兩個非常重要和獨特的時期，不能為後來的任何年代所比擬。當然，這不是指，這兩個時期的教會**較我們今日的教會更屬靈**，而是這兩個時期確是上帝啟示和實現救恩計劃中達致最高峯的時期。試想想第1世紀所發生的事：主耶穌基督降世為人，與人類共處了33個年頭，然後按著上帝的旨意被釘在十字架上，受死、埋葬、復活和升天；五旬節聖靈親自成立新約教會，使徒們承擔管治和教導的職責，福音廣傳至外邦人當中；耶穌的言行始被記錄下來，使徒們亦將他們的教訓撰寫成文，以書信的方式牧養教會。進入早期教會時期，我們所見到的是教會如何保持信仰純正，不被異教和異端邪説所影響，而基本的教義如耶穌的神人二性、三位一體的關係等，都成為當時神學討論的主要內容，還有聖經正典亦相繼被確認出來。

相反，我相信今天大多數的教會裏都不會出現如哥林多教會那樣荒唐的行為。

教會成立之初和早期教會時期的獨特之處，乃在於在上帝的救恩歷史中，此時期確實扮演著一個不能替代的角色，這時期的重大使命正是要孕育主耶穌言行的記錄，而這些記錄則建基於跟隨耶穌的使徒們的憶述上；我認為，上帝的聖言和啟示就在這個歷史時期達致最高峯。因此，我們可以說，早期教會的領袖和信徒是代表著歷世歷代的教會去確認上帝的聖言，並見證聖經正典(尤其是新約)的成立。如此，是否只有這時期所確認的這些聖經正典書卷才載有正統的教導呢？當然不是！其他文獻當然也可載錄正統的教導，只是上帝卻特別使用了這些「正典書卷」來傳遞祂的信息，作為世人認識祂的最完美工具。因此，早期以至以後歷代的教會，從未敢企圖在聖經正典上增刪甚麼，始終以這66卷書卷作為信仰的標準和規範。

倘若今天的考古學發現保羅親跡的書卷，教會是否應該把這些書卷列入正典呢？若然，這是否意味我們可以在不同時代，按新的發現和知識，補充我們的聖經呢？這些問題其實反映一個更深一層的問題：我們是否相信「現有正典聖經的全備性」呢？

約翰福音二十章30至31節和二十一章25節都交代了使徒約翰編寫
這本福音書的原則，前者指出約翰福音所記載的神蹟是有限的：「耶穌
在他的門徒面前還行了許多神蹟，可是沒有記錄在這本書裏」，但所記 約20.30
載的已經足夠，足以達到本書的主旨，即證明「耶穌是基督，是上帝的
兒子，並且要你們因信他而獲得生命」。後者所説的更為廣泛，引申至 約20.31
耶穌所有的事蹟教訓：「耶穌還做了許多別的事，要是一一記錄下來，
我想整個世界也容納不下那麼多的書。」在這兩段經文裏，約翰明明地 約21.25
告訴我們他取材的選擇性，但最重要的是，所記載的已經足夠了。因此，
倘若我們問：「正典聖經是否已經包羅上帝給予人的所有啟示和教導呢？」
當然不是，不過，所包括的已經足夠了！

另一方面，不被列入正典的書卷是否就毫無價值？而教會也可完全

不加理會，甚至勸阻信徒閱讀呢？這當然又不是。這種誤解可謂是改革運動所帶來最壞的影響，即把我們與整個教會歷史(特別是早期教會)的根完全割離，這情況在華人教會更為顯著。然而，很多教父的著作、以至次經和偽經書卷(主要在舊約方面)，卻都實在有助我們了解正典聖經，例如舊約次經中的《馬加比一、二書》就最能幫助我們了解兩約之間的歷史。而新約聖經的作者引用舊約次經和偽經的情況(雖然數目遠不及引用舊約聖經之多)，亦多少表明了這些經卷受重視的程度。

「正典中的正典」

所謂「正典中的正典」，顧名思義，是從現存屬於正典的書卷中抽取一部分較重要和核心的「正典」來——實際上，這「小正典」在某些人心目中才是真正的正典。上文提及的馬吉安可算是第一位積極提倡這「正典中的正典」觀念的人；而在近代，馬丁路德則可謂是這觀念最重要的代表人物。

正如路德的名句：「以基督為中心」，路德認為決定新約書卷為正典的最重要因素是，該書的內容必須直接以基督和其宣講為中心，他又認為最以基督為中心的就是「因信稱義」的教義。在深入研究之後，路德認為希伯來書、雅各書、猶大書和啟示錄並不符合這原則。因此，路德在1522年出版的**德文新約聖經**的序言中，當列出新約各書卷時，就刻意把這4卷書置在表列的最後，並在希伯來書前故意留下兩行空行，把這4卷書與其餘的正典書卷分隔

由於這譯本於9月面世，故稱為The September Testament。

開來。在希伯來書的序言中，他更清楚指出這樣編排的動機：「直至目前為止，我們已經有所有主要和名副其實的新約書卷，但餘下的四本卻與先前的不同。」

研究路德思想的人所關注的是，路德為甚麼仍然保留這4卷書？這是基於他自己的意願或是教會(當然是指那新成立的新教教會)的壓力，我們不得而知。不過，有不少學者認為，以馬丁路德那種革命性的性格，他斷不會讓教會或其他人妨礙他對聖經的認信。因此，路德把這些書卷保留卻又分別開來，只是因著他個人對聖經的了解而作出的坦白判斷，並非受到教會的壓力。

早期有些更極端的見解甚至認為，在講台上的宣講，也應只選取那些配合「因信稱義」教義的經文。

路德之所以有這「正典中的正典」傾向，皆因他為正典書卷應有的內涵立下了一個相當**核心的範疇——「因信稱義」**，這當然與他個人的屬靈經歷有關。路德的見解在今日保守一派的路德宗或信義宗仍有一定的影響力。這樣，明顯是把基督教教義的體系直接與聖經掛鈎。沒錯，有些教義在我們的信仰中的確較其他教義更為核心和重要，但這不等於說聖經就只可以載錄這些教訓，而其他教訓就可有可無，無關宏旨。這樣做自然會把某部分的聖經變得「更聖經、更新約、更神聖」，但實際上，卻貶低了聖經整體的價值和意義。

雖然「正典中的正典」是過於偏執的見解，而路德的立場更有點流於武斷；但在實際處境裏，教會的聖經教導和平信徒的讀經生活，其實也往往反映了「正典中的正典」的心態。任何平信徒，只要曾閱讀過十卷八卷聖經書卷，都會有一個感覺，就是覺得有些書卷或章節較為親切而有共鳴，對有些書卷或章節則不太理解；有這種感受當然不是錯，但若發展下去、再進一步，就很容易產生一個錯覺，以為「某些」經卷似乎較重要，而另一些經卷則較次要；這種厚此薄彼的態度正反映了「正典中的正典」的觀念。

這情況在讀舊約聖經時就更為普遍，創世記往往是最有趣味的，出埃及記開首的10多章還可以，但讀到第二十章（即包括「十誡」的頒布）左右時便開始讀不下去了，更莫談民數記或利未記了；終於，信徒的讀經生活便與那一代的以色列人一同埋葬在曠野裏。

至於在同一卷書裏，也不是每一章經文都同樣易於理解，例如閱讀家譜便是很苦惱的經歷。因此，一開始閱讀新約部分，便遇上一整章有關耶穌的家譜，是頗令人洩氣的，以為新約聖經就是這麼沉悶；若讀者習慣在每天靈修讀10至15節經文，我想，歷代志上開首9章的家譜就必定帶來不少靈性低潮的日子了！

即太1章

我相信，這不是20、21世紀信徒所獨有的問題，早期教會的信徒、以至所有外邦信徒都會有類似的經歷，因為**以色列人的家譜**和舊約獻祭的法則這類文化色彩非常濃厚的內容，恐怕都不是一般外邦人所能理解或有興趣去理解的。聖經裏的家譜和舊約獻祭的法則，既是我們不能改變、不能刪除的內容，那麼，我們就應該調校自己的讀經生活：這些章節不是「1日10節、15節」的靈修式讀經所能掌握的，應該以研讀的方式來分析。倘若信徒立志要順序地把全本聖經讀一遍，筆者建議他們可找一段時間，一口氣速讀這些章節和經卷，先掌握一個概略的印象，

這情況就好像任何與「廖氏宗親」（舉例）無關的人都不會對其家譜感興趣，除非是那些特別有志於研究「廖氏宗親」歷史的學人，就另當別論。

再待日後研經時仔細分析。如此，我們的讀經生活才不致失衡，才有望持之以恆，不斷保存我們渴慕上帝話語的熱心。

最為可惜的是，有些發行聖經的出版商亦間接地鼓勵了這種「正典中的正典」的心態，市面上通行的「紅字版」聖經（red-letter edition）就是典型的例子。表面上，「紅字版」聖經是要以紅色來突出耶穌的話（應該說是：按某聖經作者所記錄的耶穌的話），但實際上，卻非常具誤導性：

1. 今天大概沒有學者會說，福音書作者所引述的耶穌的話完全等同於昔日耶穌確實所說的；若真的完全等同的話，我們又怎樣解釋，同一句話在不同福音書裏的不同記載呢？所以，「紅字版」聖經的原意是要抬高「耶穌的話」，但事實上卻把不同記載的矛盾放在放大鏡之下；
2. 從正典的神學來說，耶穌的話不比作者的話重要；若然我們相信作者在聖靈感動的情況下把上帝的信息撰寫下來，那麼，作者所記載的每一句話就都是聖靈所默示的了，若要抬高其中一部分（耶穌的話），就同時貶低了另一部分（作者的話）。

a. 我們可根據甚麼來斷定聖經正典已經完結？作者於此的立場如何？

b. 若聖經正典書卷可以因著時代的改變而不斷增修，那會帶來甚麼後果(試比較上一節所提到的孟他努的主張)？

c. 馬丁路德所持「正典中的正典」觀念與信徒讀經時不自覺地區分「正典中的正典」有何分別？

d. 你信主多年以來，對聖經的認識會否仍只集中於某幾卷書呢？你覺得這是甚麼因素所使然？

第二章

聖經的流傳

- 甚麼是原稿？
- 聖經證據的來源
  抄本、古代譯本、教父著作
- 舊約聖經的流傳
  馬索拉文本、死海古卷
  流傳簡述
- 新約聖經的流傳
  重要的抄本證據
  版本歷史簡述
- 經文鑒別與不變的信息

無論是舊約聖經還是新約聖經，在正典還未形成之時，各地教會和信徒為要閱讀某書卷，或只想把某書卷多保存一份，便要找一些有學識的抄寫員負責此項複製工作。在1454年約翰尼斯・古騰堡(Johannes Gutenberg)發明活版印刷術之前，所有聖經(甚至所有書籍)的出版全賴抄寫而成。在抄寫過程中，抄寫員當然非常重視經文的準確性，我們亦應該相信，他們必盡力把這神聖的事情做好，不過，所抄下來的經卷始終難免有錯漏。

在聖經古卷的流傳過程中，我們所遇上的問題是：原稿(autograph)已散失了，而存留下來的抄本又多又有差異(倘若我們只有一份抄本或每份抄本都是一模一樣，就根本沒有問題了)。雖然抄本中絕大多數的差異都是微不足道的，但也有一些對文意的理解有著顯著的影響。

是怎樣的問題呢？

要體會聖經流傳的問題如何影響我們所使用的譯本，我們先比較約翰福音三章13節在不同譯本中的翻譯：

《和合本》：「除了從天降下、仍舊在天的人子，沒有人升過天。」

《新譯本》：「除了那從天上降下來的人子，沒有人升過天。」

按上下文，這「人子」顯然就是指主耶穌自己，但《和合本》加插的「仍舊在天的」這短語，就突顯了人子在與尼哥德慕（或譯：尼哥底母）對話之時，他仍在天上；這句話確實有點莫名其妙，已經從天降下人世的耶穌，又怎可以仍舊在天上呢？最有可能的解釋是，加插這句話的抄寫員是要強調，耶穌未有因為從天降下，而削減了他那神性的身分。

《和合本》的新約部分是於1906年完成翻譯的，按我們對這譯本的翻譯過程的理解，這譯本並非由原文直譯而成，而是以1885年出版的英文譯本*Revised Version*作為初譯的底稿。不過，《和合本》的譯者亦有審校原文聖經，因此，其準確性仍相當高。約翰福音三章13節的《和合本》翻譯明顯受了*Revised Version*（“he who descended from heaven, the Son of man, which is in heaven”）的影響，而且，當時譯者所審校的原文聖經都有這短句（希臘文的音譯：*ho ōn en tō ouranō*）。然而，1976年出版的新約部分《新譯本》又為甚麼沒有這短語呢？同一原因，也正因為這譯本的底稿聖經（即*UBSGNT*第三版，見下文）並沒有這短語。

不同譯本的翻譯自然互有出入，因為不同譯者的釋經方式和結論都各有差異，而在用詞和表達上也有不同，不過，本節並不論及這兩方面

今天我們稱這些不同時期的聖經為「抄本」，是因為這些聖經抄本已成為我們編纂更好的聖經版本的材料，但對於當時的人來說，這些抄本卻不折不扣地是他們的「聖經」。

的內容，而是集中探討原文聖經的版本問題對譯本的影響。其實，原文聖經版本之間的出入主要源自所根據的抄本佐證各有歧異。簡單來說，「仍舊在天的」這短語之所以出現在某些譯本裏，是因為有些**抄本**（或某時期的聖經）確實保存了這短語；留意《新譯本》和《呂振中譯本》在這節各有一個旁註，分別是「有些抄本作：『除了那從天上降下來仍舊在天上的人子』」和「有古卷加：那原在天上的」，目的正是要交代這點。

在學術用語上，我們稱這些互有出入的經文為「異文」(variant)，而載錄於個別抄本中的經文版本就稱為「語句」(reading)。換言之，約翰福音三章13節有一個異文，其中包括至少有兩個語句，分別反映在《和合本》和《新譯本》裏。

在我們的聖經裏，像這一類的異文確實為數不少；而在我們所熟悉的經文中，也有不少這類的例子：

1. 馬太福音六章9至13節的主禱文：「因為國度、權柄、榮耀，全是你的，直到永遠。阿們！」《和合本》這結語在早期和最可靠的抄本裏都是沒有的；試比較《現代中文譯本修訂版》的譯文。
2. 約翰福音八章1至11節有關「行淫的女人」整段經文，在早期和最可靠的抄本裏都是沒有的。 *原文聖經 7.53~8.11*
3. 馬可福音十六章9至20節這結尾，在早期和最可靠的抄本裏都是沒有的。
4. 出埃及記一章5節指出，與雅各一同下到埃及的人數共「70人」，但根據另一些抄本和古代譯本的記錄，則是「75人」，而使徒行傳七章14節所提及的數目也是「75人」。

我們不難想像，倘若在主日崇拜聚會時，每一個信徒各拿著不同的抄本一起誦讀同一段經文，會有怎樣混亂的情況出現。又或者，倘若不同的聖經譯本各依據不同的抄本作為翻譯的底稿，則譯本之間的分歧又可以怎樣分解呢？因此，在任何聖經翻譯工作進行之先，我們需要有一些專家負起鑒別異文的重責，從眾多不同的抄本中，為聖經每一段經文的每一個詞或句，進行嚴謹的審閱工作，然後將研究的成果整編成希伯來文舊約和希臘文新約的聖經版本(edition)。若沒有這共識的版本，聖經翻譯的工作根本無法進行。

抄本的流傳是一個相當複雜而高深的課題；一般稱研究抄本流傳和聖經版本編纂的學問為「經文鑒別學」(textual criticism)。一些偏於保守、又對這學科一知半解的人可能會對經文鑒別學存有偏見，以為這學科是要挑戰聖經的權威。基本上，這學問並不涉及聖經默示本質的問題，也不處理聖經原稿在內容上有否錯謬的質詢，因為原稿已經散失，而現存的抄本都距離原稿有一段日子。事實上，投入這學科的學者正正基於對聖經的重視，才全情投入去精研，為免上帝啟示的記錄愈變失真。

甚麼是原稿？

在討論抄本的流傳之先，我們不得不思想「原稿」這觀念的問題。

一般來說，「原稿」是指聖經作者原來編寫的那份文獻。從現代人的寫作經驗來說，「原稿」就是作者定稿後的稿件。原則上，這稿件與出版面世後的文本應是一模一樣的，而在現代版權法的保障下，就算作者已經不在人世，總之沒有原作者的准許，任何人都不可以把原作者的原稿加以更改或修訂、甚至再出版。然而，在古典文獻的流傳上，卻完全沒有這種原稿的觀念。古代社會並沒有甚麼版權法，因此，把一份作品增刪修改，然後出版，是不時發生的事，而這樣的行徑也不會構成甚麼道德或法律上的違規問題。

以舊約的以賽亞書為例。絕大多數學者都認為這書的首39章都是耶路撒冷的亞摩斯的兒子以賽亞撰寫的，但由第四十章開始，不少學者都認為繼後的20多章經文是由後人補上的，目的為要豐富以賽亞書的信息，使這書能適用於不同時代。這樣看來，似乎真有點大逆不道，人怎能在前人的著作上作任意的增補呢？但有這樣感覺的人，明顯是把現代知識產權的觀念套入古代的社會。在這討論中，我們必須留意以下兩點：

1. 不同的聖經觀：以賽亞在撰寫其書卷時，當然覺得自己所寫的信息是從上帝而來的，但他大概未曾想過，他的作品將會成為後來歷世信徒(甚至是不同民族的信徒)都閱讀的書卷，更沒想過這書竟會成為正典聖經的一部分。同樣，增補的人大概沒有「一點一畫都不能廢掉」這觀念；所以，實際的情況應該是，增補的人既相信所增補的都是從上帝領受而來的，他就把原來的以賽亞書變得更加完備和豐富。
2. 上帝的啟示是動態的，是互動的：我們不應為上帝在某書卷所啟示的信息訂下一個時間表，以為上帝必須要一次過又只能藉著一個人把祂的啟示傾倒出來。這種靜態的啟示觀把上帝的作為規限在某種意識形態之下。然而，上帝的啟示是充滿動態而又互動的，上帝不斷與信仰羣體保持接觸。

不單以賽亞書是這樣，有不少書卷都在最原初的版本面世後的一段日子，再被後人加以增補。例如但以理書的希臘文版本就較希伯來文版本多了3段頗長的經文；在某些次經版本中，這3段經文分別稱為《三青年之歌》、《蘇撒拿傳》和《彼勒與大龍書》；若參考天主教的《思高聖

達尼爾書 3.24~90
經》，就會發現這3段經文分別被置於但以理書三章23節之後和十二章

達尼爾書 13,14章
之後（《和合本》聖經的但以理書的最後一章為十二章）。類似的情況也可見於耶利米書和以斯帖記等。

新約聖經也有同樣的情況出現。前文提及的馬可福音十六章9至20節就是一個典型例子。學術界的共識是，這段經文明顯不是作者馬可所寫的，但這福音書又大有可能不是以十六章8節作結。那麼，馬可福音原來的結尾是怎麼樣的呢？根本沒有人知道！像馬可福音結尾的懸疑問題，在新約聖經中可謂絕無僅有，這主要是因為一般新約書卷的完成年期與最早見證這些書卷的抄本的年期非常接近，故增補的情況並不顯著，但在舊約方面，由於二者的差距甚遠，像這一類增補的情況就非常普遍了。

那麼，經文鑒別的目的是要重構哪個「原稿」的版本呢？是原來以賽亞所寫的39章，還是那個有66章篇幅的以賽亞書呢？在這裏，我們不難發現，經文重構的工作與正典的形成有著密切的關係；嚴格來説，經文鑒別學所謂的「原稿」，是指成為正典後的聖經版本。

溫習及思考問題

a. 文中對「原稿」的討論(特別文中提及上帝那種動態式的啟示)與你一貫的想法有何出入?從這個角度來看,你認為今天我們對以賽亞書的理解,與最原初作者的理解有何不同?

b. 翻閱《現代中文譯本修訂版》或《新譯本》內文的註腳部分,嘗試列舉幾個異文。

聖經證據的來源

聖經原稿究竟在何時散失?在舊約聖經方面,這問題特別難回答,因為舊約39卷書的寫作年期的差距可達1000年之久。一些早期書卷的原稿當然有很大機會較早散失,但後期書卷原稿的保存時間亦不一定較長。一般學者認為,在公元3世紀或更早期間,所有原稿(無論是舊約還是新約)已經散失了。

我們不能確定聖經的原稿是在哪一個時候散失,實際上亦無從稽查,那麼,我們今日如何得知原稿的內容呢?我們實在感謝上帝,祂給我們存留了許多資料來源,讓我們尚能透過鑒別這些資料而把原來的文本重整出來。事實上，環顧所有古代的文學作品，我們也難找到有如聖經(特別是新約)文本如此多的史料證據。或問：為何抄本得以流傳，而原稿卻均散失？今天我們稱這些不同時期的聖經為「抄本」，是因為這些聖經抄本已成為我們編纂更好的聖經版本的材料，但對於當時的人來說，這些卻不折不扣是他們的「聖經」。既然「原稿」和「抄本」同是「聖經」，故亦同樣流傳下去。在這漫長的歲月裏，當然有許多抄本與原稿同樣地散失了，只是散失了許多，卻仍有部分得以存留下來就是了。基本上，載錄聖經文本的資料可分為3大類，分別是抄本、古代譯本和教父著作；在現行大多數的原文聖經版本中，各個異文的不同語句都會按其所源自的資料類別分列在聖經的底部，即所謂「校勘欄」的地方。

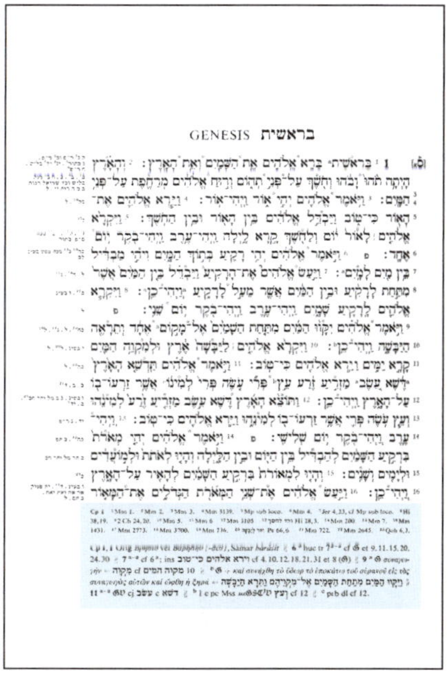
GENESIS בראשית

• 圖為現時最通行的希伯來文聖經(即舊約聖經)的內容，顏色部分為校勘欄，位於每頁的底部。

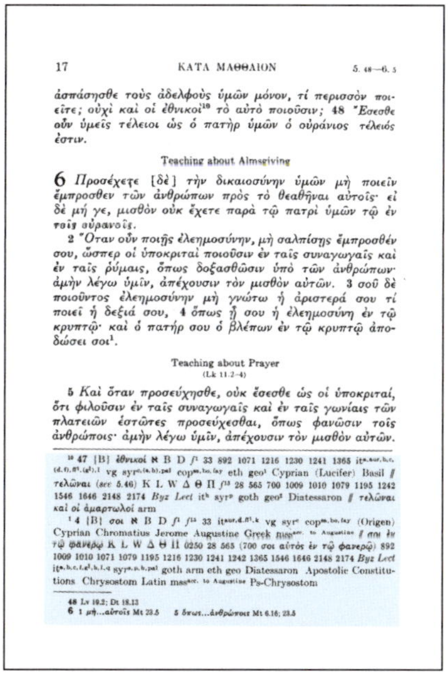
17 ΚΑΤΑ ΜΑΘΘΑΙΟΝ 5. 48—6. 5

ἀσπάσησθε τοὺς ἀδελφοὺς ὑμῶν μόνον, τί περισσὸν ποιεῖτε; οὐχὶ καὶ οἱ ἐθνικοὶ[10] τὸ αὐτὸ ποιοῦσιν; 48 Ἔσεσθε οὖν ὑμεῖς τέλειοι ὡς ὁ πατὴρ ὑμῶν ὁ οὐράνιος τέλειός ἐστιν.

Teaching about Almsgiving

6 Προσέχετε [δὲ] τὴν δικαιοσύνην ὑμῶν μὴ ποιεῖν ἔμπροσθεν τῶν ἀνθρώπων πρὸς τὸ θεαθῆναι αὐτοῖς· εἰ δὲ μή γε, μισθὸν οὐκ ἔχετε παρὰ τῷ πατρὶ ὑμῶν τῷ ἐν τοῖς οὐρανοῖς.

2 Ὅταν οὖν ποιῇς ἐλεημοσύνην, μὴ σαλπίσῃς ἔμπροσθέν σου, ὥσπερ οἱ ὑποκριταὶ ποιοῦσιν ἐν ταῖς συναγωγαῖς καὶ ἐν ταῖς ῥύμαις, ὅπως δοξασθῶσιν ὑπὸ τῶν ἀνθρώπων· ἀμὴν λέγω ὑμῖν, ἀπέχουσιν τὸν μισθὸν αὐτῶν. 3 σοῦ δὲ ποιοῦντος ἐλεημοσύνην μὴ γνώτω ἡ ἀριστερά σου τί ποιεῖ ἡ δεξιά σου, 4 ὅπως ᾖ σου ἡ ἐλεημοσύνη ἐν τῷ κρυπτῷ· καὶ ὁ πατήρ σου ὁ βλέπων ἐν τῷ κρυπτῷ ἀποδώσει σοι[1].

Teaching about Prayer
(Lk 11.2-4)

5 Καὶ ὅταν προσεύχησθε, οὐκ ἔσεσθε ὡς οἱ ὑποκριταί, ὅτι φιλοῦσιν ἐν ταῖς συναγωγαῖς καὶ ἐν ταῖς γωνίαις τῶν πλατειῶν ἑστῶτες προσεύχεσθαι, ὅπως φανῶσιν τοῖς ἀνθρώποις· ἀμὴν λέγω ὑμῖν, ἀπέχουσιν τὸν μισθὸν αὐτῶν.

[10] 47 {B} ἐθνικοί ℵ B D f1 33 892 1071 1216 1230 1241 1365 it vg syr cop eth geo Cyprian (Lucifer) Basil // τελῶναι (see 5.46) K L W Δ Θ Π f13 28 565 700 1009 1010 1079 1195 1242 1546 1646 2148 2174 Byz Lect it syr goth geo Diatessaron // τελῶναι καὶ οἱ ἁμαρτωλοί arm

[1] 4 {B} σοι ℵ B D f1 f13 33 it vg syr cop (Origen) Cyprian Chromatius Jerome Augustine Greek mss acc. to Augustine // σοι ἐν τῷ φανερῷ K L W Δ Θ Π 0250 28 565 (700 σοι αὐτὸς ἐν τῷ φανερῷ) 892 1009 1010 1071 1079 1195 1216 1230 1241 1242 1365 1546 1646 2148 2174 Byz Lect it syr goth arm eth geo Diatessaron Apostolic Constitutions Chrysostom Latin mss acc. to Augustine Ps-Chrysostom

48 Lv 19.2; Dt 18.13
6 1 μὴ...αὐτοῖς Mt 23.5 5 ὅπως...ἀνθρώποις Mt 6.16; 23.5

• 圖為現時最通行的新約希臘文聖經的內容，顏色部分為校勘欄，位於每頁的底部。

抄本

「抄本」，或稱為「手抄本」(manuscript)，是一統稱，專指那些從原稿或其他較早期的抄本直接抄錄下來的聖經文本的資料；這些文本通常抄寫於紙類的材料上，故又可按其書寫材料而分為「蒲草紙」(papyrus)和「羊皮紙」(parchment)兩類。

我們幾乎可以肯定，希臘文新約的原稿就是寫在這些蒲草紙上的。

古代最普遍的書寫材料是**蒲草紙**，盛行於遠古時期至公元3世紀之間。蒲草原是一種生於尼羅河三角洲的植物(「蒲草能生長在無水的地方嗎？」)，草身呈三角狀。要將蒲草製成 伯8.11
紙，必先剝去草身的表層，再除去其中的骨幹，將草身切割成條絲狀，由於草身分泌天然黏液，並排編織後，壓服便可成頁。風乾後，再用象牙或貝殼將其表面磨滑，這些成頁狀的蒲草紙又稱為「葉」，一葉蒲草紙的面積大概由15 x 23厘米至30 x 38厘米不等，蒲草紙頁通常連接20葉、捲起為「紙卷」發售。至於書寫於蒲草紙上的

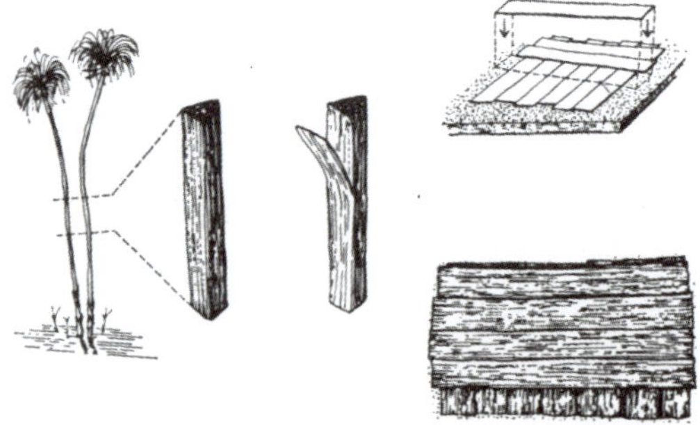

• 製作蒲草紙的方法
圖片取自：P.W. Pestman, *The New Papyrological Primer.* (Leiden: E.J. Brill, 1990), p.4

工具則是用蘆葦桿製成的筆，筆桿尾通常是圓頭的。蒲草紙通常只能作單面書寫，不過，偶然也有卷軸蒲草紙文獻是雙面書寫的(參「我看見坐在寶座上的那位，右手拿著書卷；這書卷的兩面都寫滿了
啟5.1 字……」)。

雖然蒲草紙在遠古好一段長時期成為最普遍應用的書寫材料，但由於它容易破爛，故仍須另尋其他更耐用(亦必更昂貴)的書寫用料，以便記錄並保存重要的文獻。羊皮紙正是當時為迎合這需要而設的。羊皮紙的發源地是「別迦摩」(Pergamum)；其英語名稱parchment就是源自這發源地的希臘文名稱。製紙的人先將用來製紙的動物皮浸在石灰水中，並脫清毛髮，再將它風乾，然後用白堊磨擦表皮，使之光滑。由於羽筆比蘆葦筆更堅硬尖細，故多採用來作為書寫皮紙的工具。至於用墨方面，一般把燈黑和樹膠溶在水裏而成，可以寫出頗為烏黑的文字，大部分的抄本也是用黑墨來書寫，但後期的抄本也有用紅墨、紫墨，甚至更有用金銀等物質來書寫的。大多數現存的蒲草紙抄本都以卷軸形式出現，但皮紙的抄本則釘裝為「翻頁書」(codex)，形狀仿似今天的書籍，單邊釘裝，頗為堅實。

古代譯本

以新約而言，「古代譯本」是指距離原稿三、四百年間所譯成的譯本；至於舊約方面，由於舊約書卷之間的寫作時期相差甚遠，有些舊約的古代譯本可能與所譯書卷相距一段頗長年期。

譯本是為信仰羣體中那些不懂原文(或不便以原文閱讀)的人而設的，以助他們了解原來文本的信息。因此，很多古代譯本都是源於崇拜時的口譯版本；有些正規的譯本其實只是把這些口譯版本加以整理而成(如舊約的亞蘭文譯本《他爾根》〔Targum〕)，另有些譯本則是完整的譯作(如舊約的希臘文譯本，稱為《七十士譯本》)。

這些古代譯本對我們理解原稿的面貌非常重要，因為它們所屬的時期，往往是未有抄本可以提供證據的年代。不過，遺憾的是這些譯本的原稿亦同樣已經散失，所以，若要參照這些譯本，學者必須先重建這些譯本的文本。換句話説，必須先做古代譯本的鑒別功夫，才能運用這些譯本的資源，以助重構聖經文本的工作。

包括舊約和新約兩部分的古代譯本，分別有拉丁文和敍利亞文譯本：拉丁文的譯本有《古拉丁語聖經》(*Old Latin Bible*)和《武加大聖經》(*Vulgate*)等，時為整個羅馬帝國及部分北非地區所通用；敍利亞文的譯本有《古敍利亞語譯本》(*Old Syriac Version*)和《別西大譯本》(*Peshitta Version*)等，時為小亞細亞地區，包括巴勒斯坦一帶所通用。只包括舊約部分的古代譯本則有希臘文版本的《七十士譯本》(*Septuagint*)和亞蘭文版本的舊約聖經，稱為《他爾根》。

教父著作

「教父著作」是指古代教會領袖的作品；由於聖經經文是上帝的啟示，所以許多教父在其公開的著述或個人的寫作中往往喜愛引用聖經經文，此外，他們更會為聖經書卷撰寫註釋書。

要參照教父著作中所引用的經文，仍有相當的困難，因為所引用的經文並不一定是直接引用，要清晰地由間接引用(複述)的語句歸納出原來的文本，絕非易事。況且，許多引用的語句根本只是憑記憶引述而已，故所得文本難免多有出入，並不精確。不過，以新約而言，由於最早期的教父(有時候稱為「使徒教父」)，如革利免和坡旅甲等人，均有很大機會直接閱讀過原稿，因此，他們所引用的語句自然有較大的價值。另外，還有其他同樣舉足輕重的早期教父，特別是在尼西亞會議前的教父，他們在教會歷史上也是多產的神學家，例如特土良、愛任紐、俄利根，甚至較後期的耶柔米，在他們著述中的引用，無論在數量或質量上，也是重整聖經文本(尤其是新約)所不可忽略的重要資源。

早期教父生卒年份表

革利免(Clement of Rome；活躍於約公元92～101年)

坡旅甲(Polycarp of Smyrna；約公元69～155年)

特土良(Tertullian of Carthage；約公元155/160～225/250年)

愛任紐(Irenaeus of Lyons；約公元135～202年)

俄利根(Origen of Alexandria；公元185～254年)

耶柔米(Jerome；約公元347～420年)

由於教父們較重視新約聖經，因此，對新約文本的引用亦較多。有些學者宣稱，若今天所有的新約抄本全被摧毀，新約的文本依舊可以單憑這些教父所引用的語句而得以復原，其中引用數量之多和質素之高，是不言而喻的了。

溫習及思考問題

a. 一般來說，載錄聖經文本的資料有哪幾類？試簡述各類的特點。

b. 試列舉幾個古代舊約譯本的名稱及早期教父的名字。

c. 為何使用教父著作中引用聖經的語句來重構聖經原來的文本會是那麼困難？

舊約聖經的流傳

雖然我們未能肯定猶太人聖經(即我們的「舊約聖經」)於何時和如何散失，但我們可以肯定的是，猶太人對保留這些聖經文本是非常重視的。在古代時期，雖然聖經原稿大概可能收藏在耶路撒冷的聖殿，但各地的猶太人羣體(例如埃及的亞歷山太)亦會有複製本。及至兩約之間和新約時期，隨著會堂的興起，聖經書卷複製本的需求自然增加起來。雖然不可能每所會堂都有全本(又或只是大部分)聖經，但猶太人所特別看重的五經，明顯是每所會堂都不能缺少的了。由於猶太人視聖經為上帝特別賜給他們的聖書，他們抄寫聖經的態度肯定是極為謹慎的。

我們對猶太人聖經文本的追溯，必須從主流的抄本説起，因為現時普遍使用的舊約原文聖經，基本上與這主流的抄本是完全相同的。

馬索拉文本

在猶太教中，肩負起聖經流傳的重責的是文士。文士與猶太人教師(即「拉比」)的工作都與聖經有密切的關係；拉比專著聖經教導方面，而文士的工作則是在文本的流傳方面。

就如其他學科一般，隨著某個出色和資深的大師的學生多起來，所謂的「門派」亦相繼產生。在猶太人聖經的流傳歷史中，有一個非常重要的門派約於公元6世紀左右興起，稱為「馬索拉文士」(Masoretes)；他們活躍於巴比倫東面和提比哩亞西面一帶。由於這些文士有共同的抄寫方式，而所複製的文本亦都展示某程度的特色，我們稱這學派的抄本所展示的文本為「馬索拉文本」(Masoretic Text；簡稱MT)。雖然出自這些馬索拉文士的抄本素質都非常高，但彼此之間所錄的文本依然存在若干的差別。

學者對「馬索拉」一詞有不同的解釋，但一般認為，這字衍生自「傳遞」一詞。按此，「馬索拉」這名稱正好反映他們抄傳聖經的專業性。我們經常聽到，猶太人在抄寫聖經時為求準確，往往會沐浴更衣，又在抄寫後，數點底稿和抄稿字母的總數，以確保底稿和抄本的字數相同；這種種的描述其實是指公元6至10世紀時期的馬索拉文士的抄傳方式。不過，我們亦有理由相信，馬索拉文士的抄寫方式也不是自創的，很可能是一直沿用著的既有抄傳習慣，這些習慣甚至可以追溯至公元2、3世紀時期的抄寫方式。

有關這套元音字母的用法，參《聖經鳥瞰——基礎篇》第六章之「希伯來文和亞蘭文」。

馬索拉文士確實非常重視他們抄寫的素質，為了使抄傳的過程更加準確，他們發展了**一套元音字母**，一方面有助孩童學習這語言，另一方面亦可確保意思準確，避免含糊。此外，這些馬索拉文士在抄寫聖經時，也不時會撰寫一些簡短的筆記和註解，稱之為「馬索拉註解」(通常附列於希伯來文聖經的兩邊的欄外)，以助讀經的人理解文意。從沒有學者會認為這馬索拉文本就是原稿的文本，但幾乎所有學者都會以這文本的傳統作為最安全的起點。

正如前述，「馬索拉文本」並非指某一抄本，而是指那些屬於馬索拉傳統的抄本的文本。見證這傳統的抄本有千多份，但其中最重要和最古老的有：

1. 《亞勒坡翻頁書抄本》(*Aleppo Codex*；公元900～925年)：這抄本包括整本舊約的經文。一直以來，這個翻頁書抄本都收藏在敘利亞北部亞勒坡的猶太會堂中，但約於1948年間，卻一度不知所蹤。及至60年代，又再於耶路撒冷被發現，但已經失去了其中四分之一的經文(包括五經的一部分、傳道書、耶利米哀歌、以斯帖記、但以理書和以斯拉記等)。這抄本可謂是目前素質最好的一本「馬索拉」抄本。
2. 《列寧格勒翻頁書抄本》(*Codex Leningradensis B19A*；公元1008/9年)：包括全本舊約聖經。一直以來，這抄本都收藏在昔日列寧格勒(即今天的彼得斯堡)的俄羅斯公共圖書館內，編號為

• 圖為《列寧格勒翻頁書抄本》(葉102)：申命記五章9至31節上的經文內容。取自：D.N. Freedman (gen. ed), *et al. The Leningrad Codex: A Facsimile Edition.* (Eerdmans & E.J. Brill, 1998). p.216.

• 圖為《列寧格勒翻頁書抄本》（葉474A）Carpet page: Masoretic rules。
取自：D.N.Freedman (gen. ed),*et al.The Leningrad Codex: A Facsimile Edition.* (Eerdmans & E.J. Brill, 1998). p.959.

B19A。由於《亞勒坡翻頁書抄本》有所缺遺，現時的希伯來文聖經就全賴《列寧格勒翻頁書抄本》才得編纂而成。

除了上述兩份抄本外，還有只載錄前先知書和後先知書的《開羅的先知書翻頁書抄本》（*Codex Cairensis*；公元895年）和只載錄部分五經文本的《大英博物館東方翻頁書抄本4445號》（*The British Museum Codex Oriental 4445*；公元9世紀中葉至10世紀中葉的作品）。

除了這些主流的抄本外，我們還有一些較次要的抄本，如《拿殊蒲草卷》（*Nash Papyrus*）。這蒲草卷抄本在死海古卷發現之先（即1947年以前，參下文的討論），是舊約聖經最古老的抄本，約為公元前2世紀的作品，是由一位名叫拿殊（W.L. Nash）的人於1902年在埃及尋獲的（現藏於英國劍橋大學圖書館）。這蒲草卷抄本的內容主要包括兩段禮儀性用語，分別是：稱為沙瑪（Shema）的申命記六章4節，以及出埃及記二十章2至17節的「十誡」，當中第六和第七誡的次序與我們今天所熟悉的文本的次序剛好顛倒了。此外，19世紀末，在埃及舊開羅城的「以斯拉會堂」(建於公元9世紀)的藏經房(專收藏一些已經破舊的抄本)內，發現了數以千計的羊皮紙斷片抄本，稱之為「開羅藏經房斷片」(Cairo Genizah Fragments)，屬於6至9世紀期間的作品。由於這些斷片都不完整，而所展示的文本與馬索拉文本又相當近似，因此，在重構原稿文本上，這些斷片並沒有發揮太大的效用。

死海古卷

20世紀可謂是發現古卷的黃金年代，很多重要的聖經抄本(無論是舊約或新約)都是在這個世紀始被發現的，而其中最矚目的莫過於死海古卷了。

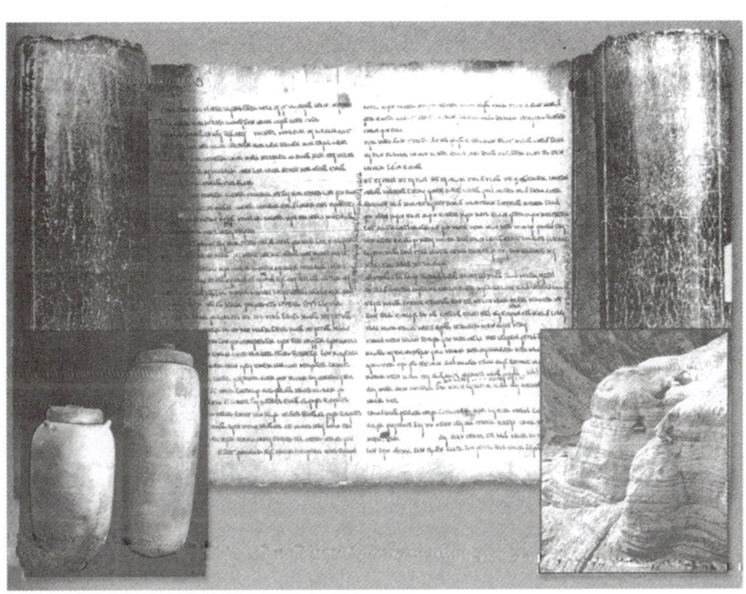

• 死海古卷是保存在瓦甕中(左下)，並放置在峭壁上的洞穴裏(右下)。其中最大的發現是《偉大以賽亞書卷》。取自：H.C. Kee，(Consultant Editor) *et al.The Learning Bible-Contemporary English Version.*(NY: American Bible Society, 1995), p. 915.

所謂「死海古卷」，並非真的從死海裏打撈出來的，而是指那些在死海西面險峻峭壁上的11個洞穴裏所發現的數以千計的抄本，若把這些古卷整合起來，共有813份文獻，其中包括聖經的書卷和非聖經的文獻。這些文獻很可能與這些洞穴附近一個約80 x 100米的「昆蘭廢墟」(Khirbet Qumran；建於公元前2世紀末的馬加比時期)有關。一般人都相信，住在這廢墟的羣體來自當時主流的猶太教，他們可能因不滿猶太教內部的腐敗情況，故退隱荒野。由於這羣體非常重視聖經的正統教導，所以保留了很多聖經書卷和其他相關的文獻。

除以斯帖記外，猶太人聖經的每一卷書，都從死海古卷中發現抄本佐證。單是載錄五經的抄本就已超過50份，先知書的抄本亦接近40份。這些聖經抄本所屬的年期大概由公元前3世紀至公元1世紀不等。雖然不少抄本已經殘破，但也有一些是相當完整的，其中最為震撼的要算是在第一穴中發現的《偉大以賽亞書卷》(*Great Isaiah Scroll*)，編號為1QIsa[a]。全卷書約有7.5米長，0.25米寬，載錄了整卷以賽亞書；約為公元前125年的作品。其他的抄本包括：第四穴中發現大量的撒母耳記抄

• 位於死海附近的「昆蘭廢墟」
取自：J.Bowker, *The Complete Bible Handbook.* (UK: Dorling Kindersley, 1988). p.291.

本斷片(例如4QSam[a])、第十一穴的一份詩篇抄本(11QPs[a]),以及第一穴的《哈巴谷書註釋》(1QpHab),而最古老的抄本大概就是撒母耳記的抄本(4QSam[b]),源自公元前3世紀的。至於其他的聖經文獻則有希臘文譯本(即《七十士譯本》)和亞蘭文譯本(即《他爾根》)。

昆蘭的洞穴只是死海一帶發現抄本古卷的一個地點,在死海附近還有許多其他洞穴,發現文獻的數量還有許多,而一份文獻往往也會有多份抄本。有鑒於此,學者採用了一致的標記方式來標示每份出土的抄本,以「Q」代表昆蘭的名稱;置於這代號前面的數字是指發現該文獻的洞穴號碼,而代號後面的英文字母或數字則是該文獻名稱的一般簡寫或編號;若同一份文獻在昆蘭文庫中有超過一份的抄本,則在標記末再以上標的英文字母作為識別。例如昆蘭的第一個洞穴所發現的兩卷以賽亞書,其編號就分別為1QIsa[a]和1QIsa[b]。

這些抄本所帶來的衝擊是多方面的,對於我們所討論的課題而言,若用「革命性」一詞來形容死海古卷的貢獻,也不算過分誇張。就以以賽亞書為例,在死海古卷發現之先,這卷書的抄本證據主要為《亞勒坡翻頁書抄本》和《列寧格勒翻頁書抄本》,然而,《偉大以賽亞書卷》卻把我們對以賽亞書文本的認識足足推前了1000年!因此,死海古卷中的聖經抄本的確大大促進了我們重構舊約原來文本的工作。

這些抄本帶出一個很重要的問題:死海古卷中的聖經抄本與那些較它晚1000年的「馬索拉」抄本相比,有何差別呢?答案是:異同均有!

雖然這份《偉大以賽亞書卷》得到極好的保存,其字體也很優美,但文士的抄寫方式卻不是很小心,特別在一些專有名詞的拼寫上,更不時有所不一。在內容上，這抄本與馬索拉文本很相近，這一點對聖經學者(特別是從事經文鑑別工作的學者)來說固然是一件十分令人振奮的事，因為這正可見證那代表著主流的希伯來文聖經文本(即馬索拉文本)的可靠性和準確度。但另一方面，這抄本亦展示某些有別於馬索拉文本的地方，相比之下，似乎更接近《七十士譯本》的文本傳統。

這表示，希伯來文聖經文本的流傳歷史曾經有過一段「不穩定」的時期，不同的羣體可能使用不同版本的文本，更有些羣體(如昆蘭羣體)可能同時使用兩個不同的版本。我們從死海所發現的6份耶利米書抄本就可以引證這點，這6份抄本分別載錄了部分或全部的耶利米書，從其中的異同歸納所得，顯然有兩個耶利米書版本，一個版本(即4QJer[a])與馬索拉文本(即今天通行的希伯來文聖經)相若，另一個版本(即4QJer[b])則較接近《七十士譯本》的耶利米書，這版本較馬索拉文本的耶利米書約短六分之一。

在死海古卷發現之先，由於《七十士譯本》與希伯來文聖經常出現歧異，一般經文鑑別學學者對《七十士譯本》的評價都不高，認為這譯本的翻譯素質比較參差，而有些書卷的譯者(如耶利米書的譯者)甚至私自撮譯某些經文。如今，死海古卷中這幾份耶利米書所反映的不同文本傳統，無疑否定了他們從前對《七十士譯本》的誤解。很大程度上，《七十士譯本》的權威性和可信性，亦因著死海古卷的發現而大大提升了。本章開首已經提及一個很好的例子，就是使徒行傳七章14節：「約瑟派人去見他的父親雅各，請他跟全家到埃及來；來的親族一共有七十五人。」其中「75人」這數目顯然與希伯來文聖經的創世記四十六章

27節和出埃及記一章5節所載的「70人」有所矛盾，然而，卻與《七十士
創46.27；參出1.5 譯本》的記載一致，所以，這裏的「75人」很可能就是依據《七十士譯本》而來。而兩份死海古卷抄本（4QGen-Exod[a] 17.1～18.2和4QExod[b] 1.5）所記載的數目亦都是「75人」。這就表明：在公元1世紀以前，確實有來自巴勒斯坦的希伯來文創世記和出埃及記，呈現與《七十士譯本》一致的文本傳統。

流傳簡述

今天最通行的希伯來文聖經是由聯合聖經公會與德國聖經公會聯合出版的*Biblia Hebraica Stuttgartensia*（簡稱BHS；書名中譯為：**《斯圖加特希伯來文聖經》**）。新的版本亦計劃於2003年面世。這些版本的文本基本上沿用《列寧格勒翻頁書抄本》（也是惟一一份最古老和完整的抄本）的文本，但在校勘欄內，則輔以死海古卷、《七十士譯本》或其他古代譯本的異文語句作為補充；此外，更附有馬索拉註解，這些註解可讓我們窺見馬索拉文士的釋經觀點。

斯圖加特是德國南部的一個城市，是德國聖經公會的所在地。

透過其他載錄舊約聖經文本的資料，我們發現，馬索拉文本確是非常可靠的，但我們千萬不要把問題過分簡化，因為死海古卷中的某些聖經抄本和《七十士譯本》確又見證著另一版本的文本，這文本與馬索拉文本有著顯著的分別。不要說平信徒，就連專家學者也大感困惑。

一般的理解是，約於公元1世紀之前，在猶太人聖經各書卷開始流

傳的早期，猶太教羣體中「同時」流傳著不同版本的舊約聖經。以耶利米書為例，這書就有一個短版本（如《七十士譯本》和死海古卷的4QJer[b]）和一個長版本（這長版本就是日後馬索拉文本的前身）。約於公元1世紀末，可能因為耶路撒冷聖殿被毀和政局愈趨不穩定，猶太人領袖深感猶太人的文化和宗教正陷入一個史無前例的危機，為確保上帝的話語能準確地保留下來，文士們就針對這多文本的情況加以整頓，由此便推行了一次「文本標準化」（text standardization）的編修工作。結果，一個「馬索拉文本的前身」（有時稱為「原始馬索拉文本」）便誕生了。雖然我們每一個信徒都受惠於這「文本標準化」的編修工作，但昔日文士如何釐定編修的準則，就不得而知了，這可能涉及釋經取向和不同版本來源的歷史問題；倘若某版本是源自名門正派，其所載的語句自然也具有較大的影響力。此外，這標準化的文本對當時的猶太教圈子有多少約制力，亦很難定斷。

無論如何，一個如昆蘭羣體般保守的猶太教羣體，竟能接受上帝的教訓可藉著不同版本的文本共同表達出來，這確實反映一種有別於今天教會對聖經的情操和價值觀。毫無疑問，他們對信仰的敬虔乃建基於整體的信息內容，而非執著於文本的字眼相同與否。

a. 現時的希伯來文聖經主要是以哪一份抄本為基礎？既然有那麼多希伯來文聖經抄本存留下來，為甚麼現時的希伯來文聖經基本上只沿用這一份抄本的文本呢？

b. 死海古卷的發現對希伯來文聖經的重構工作有何貢獻？

c. 死海古卷所反映的昆蘭羣體的聖經觀與我們今日的聖經觀有何不同？

d. 上文提及的希伯來文聖經的「文本標準化」過程，是學者基於所有的資料而提出的假設理論；若這理論成立，你對這個流傳過程有何感受？你可否看到上帝的保守？

新約聖經的流傳

見證新約聖經的文獻證據較舊約聖經為多，除了有超過5000份希臘文抄本外，更有其他古代的文獻記錄，包括上萬份古代譯本的古卷

不過，一般希伯來文舊約的抄本，特別是屬馬索拉文本的抄本，遠比希臘文新約的抄本更呈一致，換言之，新約文本出現的異文較舊約文本為多。

和無數的教父著作。事實上，**希臘文新約文本所有的佐證，是希伯來文舊約文本所有的兩倍**；而且，現有最早期的新約抄本距原稿年期之近，更是沒有任何古代文學作品可以比擬的。因此，無論從量或質方面來看，我們現有的新約文本證據，都足以幫助我們重建新約原來的文本。

重要的抄本證據

大多數蒲草紙抄本都是3至4世紀的作品，今天我們有90多份蒲草紙抄本(蒲草紙抄本均以代號「𝔓」加上一個號碼來作識別)，而每一卷新約書卷都至少有一份蒲草紙抄本作為佐證。由4世紀開始(直至15世紀)，隨著大公教會被納入建制，經濟條件愈變富裕，此時期大部分的希臘文抄本都寫在較貴重的羊皮紙上，而在這時期所抄寫的聖經抄本數量就更多；單就流傳下來到現今的，已有3000多份羊皮紙抄本。這些羊皮紙抄本又可按不同時代所採用的書寫字體分為兩類：「大楷體抄本」(指由4至10世紀的抄本)和「小草體抄本」(指10世紀以後的抄本)。

相比之下，希伯來文聖經就沒有多少經文類型，主要仍是馬索拉文本。

見證希臘文新約聖經文本的證據誠然充裕，但其中的歧異亦顯然較希伯來文聖經的抄本為多。這些異文語句的出現通常反映不同地區的文本傳統，因此，根據不同的文本傳統可界分為不同的**「經文類型」**。其中較為重要的是「亞歷山太經文類型」，而反映這種經文類型的最重要和最古老的抄本有以下數份：

1. 𝔓46：大概是公元200年的作品，內中包括保羅的10封書信(教牧書信及腓利門書除外)。這份抄本原應有104葉，但其中的18葉卻已散失或殘缺不全。在內容上，𝔓46最重要的特色之一是在以弗所書中，書首並沒有「在以弗所」這短語；此外，匿名的希伯來書則被納入保羅書信裏，事實上，在𝔓46的原產地(東方的教會)，希伯來書一直被視為保羅書信之一。
2. 《西乃翻頁書抄本》(*Codex Sinaiticus*)：以希伯來文字母 ℵ 或01作代號，這抄本可追溯至4世紀，內中原包含新、舊約聖經(《七十士譯本》)和一些教父著作(包括《巴拿巴書》和《黑馬牧人書》)。
3. 《梵諦岡翻頁書抄本》(*Codex Vaticanus*)：以B或03為代號，大概是公元350年的作品，內含大部分新舊約聖經書卷和一些新約次經書卷。這抄本與《西乃翻頁書抄本》同被視為新約原文文本兩大最可靠及純淨(意即在抄本製作的過程中沒有混雜其他抄本的語句)的文本。
4. 《約翰雷蘭蒲草紙斷片》(John Rylands fragment)：代號為𝔓52，是現有最早的新約抄本，約為公元130年之前(亦有說是公元100年)的作品，但只載有約翰福音第十八章的部分經文，故對重建原來文本的貢獻不大。

約18.31~33, 37~38

版本歷史簡述

由於歷代希伯來文聖經的版本都頗倚重馬索拉的文本傳統，且一直都沿用著《列寧格勒翻頁書抄本》的載錄，故所出版的希伯來文聖經文本都非常相近，所不同的主要是校勘欄的資料而已。這原是一種「策略性」(diplomatic)的文本重構方法，意思是：雖然有多份希伯來文抄本存在，但既然這些抄本都源自馬索拉文本，學者就選取其中最具策略性地位(即最完整和最古老)的《列寧格勒翻頁書抄本》作為希伯來文聖經的文本依據。

新約經文鑒別學則採用另一種處理方法，稱為「折衷法」(eclecticism)，意思是：學者在評鑒所有(或部分)文本證據後，才編纂出一個版本。這主要是因為見證新約文本的證據繁多而互有歧異，學者不能夠、亦不應該隨便依賴某一抄本的載錄。在某程度上，這個「折衷」的版本是拼合所有文本證據的結果，卻從來沒有一份抄本能完全見證這樣一個版本的存在。這樣説來，不同時期的學者所編纂的希臘文新約聖經版本的素質，自然受到當時所有的文本證據限制。

「康普路屯」其實就是這本聖經的發行地亞爾迦拉(Alcala)大學城的拉丁文名稱。

第一本希臘文新約聖經是何時印行的呢？這本來是很簡單的問題，但事實卻又錯綜複雜。第一本完成、準備發行的原文聖經(包括新、舊約)原本是**《康普路屯多語文聖經》**(*Complutensian Polyglot*)，時為1514年，這原文聖經是由西班牙的紅衣總主教西曼乃斯(Cardinal Ximenes of Toledo)負責統籌的，可惜，由於當時(今天也如是)所有聖經的出版均需獲得教皇的批准，因此，這書的印行就受到延誤，直至1522年才真正面世。在這期間，有一位荷蘭的人民主義學者，名叫鹿特丹．伊拉斯謨(Desiderius Erasmus)，企圖超前紅衣總主教的計劃；結果，他只花了一年的整理與編輯功夫，於1516年就火速地印行了第一本希臘文新約聖經。

在當時資訊並不發達的年代，要考證一份文獻，往往要耗費大量時間往來不同地方，這根本是急不來的。故此，伊氏存心火速超前的整輯計劃，自難確保素質。況且，伊氏在當時根本找不到一份載有全部新約的完整抄本；由於在他手中的6份抄本中，均沒有啟示錄最後6節，於是伊氏竟逕以拉丁文譯回希臘文，充當原有文本。可見在歷史上第一本面世的希臘文新約聖經，實在説不上是嚴謹之作。

由此可見，希臘文新約聖經出版歷史的第一頁並非那麼光彩！不過，在往後的100年出版的幾十個不同版本，卻都是建基於這個不甚光彩的版本之上。最能代表這個文本傳統的版本是出版於1633年，由博納文圖爾・埃爾澤菲爾和亞伯拉罕・埃爾澤菲爾（Bonaventure and Abraham Elzevir）兩兄弟出版的版本，後人稱之為《公認經文》（拉丁文：*Textus Receptus*）。這版本之所以成功，並非在其抄本證據的素質或數量，而是在其包裝。正正因為這版本非常精巧，又易於攜帶，且號稱所載的文本擁有「公認」的權威，當「公認」之風一成，就眾皆依從，所以在1881年以前，所有用印歐語系語言翻譯的新教新約聖經，全部都是根據這《公認經文》的文本傳統而譯成的。

在17至19世紀期間，相當數量的新約抄本陸續被發現，由於這些抄本所屬的年期遠比之前所發現的為早，故自然亦更可靠。但問題是，這些抄本所載錄的經文與當時的《公認經文》多有出入，要接受那久被公認為權威的傳統原來是錯的，實非易事。況且，傳統的形成原非一朝一夕的事，故亦難以一日扭轉；且大勢已成，依循日久，一般人根本不容易、也不願意去改變。事實上，我們也會明白，在信仰上，人的確會趨於恪守一套既定的教條傳統，不敢冒犯，亦不易去改變。

《公認經文》這次等傳統之所以能徹底被取代，首先要提到劍橋大學的兩位學者韋斯科特（B.F. Westcott，1825～1901）和霍特（F.J.A. Hort，1828～1892）的努力。他們花了長達28年的工夫（1853～1881），按當時所能有的文獻證據，整理出一本最可靠的希臘文新約文本，並出版了一冊兩卷的*The New Testament in the Original Greek*，卷一為希臘文經文，卷二包括珍貴的引言和附錄，清楚闡明其鑒別經文的原則。這兩位學者的貢獻不獨在於編整出當時最具代表性的新約文本，同時亦創立了鑒別理論，這實在影響深遠。若說他們的成就是新約經文鑒別學的基石，一點也不為過。事實上，儘管今天我們得到大批新近發現而更精確仔細的文獻證據，也未能超越他們訂立一套更精確的鑒別理論，作為建構文本的依據。

20世紀之前出版的希臘文聖經，其中一大弱點是太倚重二手資料作為經文鑒別的依據，而目前兩本最通行的希臘文新約聖經則可謂修正了這方面的缺陷，為現代學者和教會提供一個相當可靠的文本和抄本證據的整輯。這兩個版本分別是***United Bible Societies' Greek New Testament*的第四修訂版**（1993）和***Nestle-Aland's Novum Testamentum Graece*的第二十七版**（1993）。兩個版本均由聯合聖經公會（United Bible Societies）資助出版，後者更有德國聖經公會（German Bible Society）鼎力

前者簡稱UBSGNT；書名中譯為：《聯合聖經公會希臘文新約》；後者簡稱NA；書名中譯為：《內斯尼和亞蘭希臘文新約》。

支持。這兩個版本原本是兩個不同的計劃，但在近幾十年的修訂發展裏，兩個版本的正文已修正得完全相同，只是在校勘欄所列出的資料和編排方式有較顯著的分別。例如UBSGNT的校勘欄共列出1,440個異文，但每個異文語句所列出的佐證則較詳盡；而NA的校勘欄所包括的異文則超過10,000個，但每個異文語句所列出的佐證則較少。

在新約研究的發展上，20世紀的一項重大突破就是新的抄本和文獻證據的出現。現今學者進行研究，主要是借助攝影摹本。很多攝影摹本實際上與原抄本一樣大小，使用時就如拿著原抄本一般，甚至比閱讀原抄本更為方便。由於這些攝影摹本相當普及，原抄本反成為供遊客參觀的珍藏品，而不是供學者研究的檔案。反觀韋斯科特和霍特時期，經文的核對與整理往往是整個研究過程之中最勞心勞力的部分，有時候研究人員甚至要千里迢迢遠赴別的國家和圖書館查證以及收集資料(那時的圖書館還未設有館際借閱服務呢！)。同時負責UBSGNT和NA編纂工作的學者之一，庫爾特·亞蘭(Kurt Aland)，於1958年在德國威斯特法倫的明斯特(Münster/Westfalen)就率先建立了「新約聖經文本研究所」(Institut für Neutestamentliche Textforschung)，經費主要由聯合聖經公會、德國聖經公會和幾間主要的出版社資助。研究中心聲稱藏有所有希臘文新約抄本和其他文獻證據的攝影摹本；自此，學者只需到該中心，便可進行全面的新約文本研究工作。

溫習及思考問題

a. 上文曾列舉幾份較為重要的新約希臘文抄本，如𝔓[46]、《西乃翻頁書抄本》和《梵諦岡翻頁書抄本》，你還記得這些抄本如何影響我們對個別書卷的背景認知和歸類嗎？

b. 處理舊約聖經文本的方法是「策略性」，而處理新約聖經文本的方法則是「折衷性」。為何會有這兩種截然不同的方法？

c. 上文提及「20世紀之前出版的希臘文聖經，其中一大弱點是太倚重二手資料作為經文鑒別的依據」，「倚重二手資料」的缺失是甚麼？（你可從撰寫學術論文的方面想，特別是當你未核查資料而「引上引」時，可會有甚麼問題出現？）

經文鑒別與不變的信息

當讀者對手抄本的歧異現象了解多了，或對經文鑒別學所要處理的問題認知深了，也許會問：「承載上帝話語的文獻竟然在不同的時代都有不同的版本，那麼，人是否真可以憑藉這些會變的媒介來領受上帝永恆的信息？」

這明顯是相當感性的問題，發問的人似乎很難接受這個事實，亦暗示了某程度的不安全感。這情況就如有些人常感到受制於現代科技一樣，除了那些掌握科技的發明者外，其他大多數人都受著他們所發明的科技支配。挪開感性的元素，我們不如問：「上帝的話語是否永恆不變的呢？」

在回答這問題時，我們必須清楚自己的態度：凡有心志要更多認識自己信仰的真相的信徒，必須接受手抄本的實況；這並非學者們無中生有的難題，而是一個客觀的現象。但另一方面，我們也要問：對於那些在三、四百年前採用《公認經文》的信徒，難道就因所用的聖經版本與我們今日有別，他們對上帝的認識就有所偏差嗎？

我的答案是否定的。雖然聖經的異文在文意上所造成的變異，與上帝那永恆不變的信息看似彼此矛盾，但我對此的態度是：上帝的信息是永恆不變的，但承載這信息的文字，有時仍會有變。經文鑒別學是處理承載上帝話語的文字流傳的問題，並非處理信息本身；而「文字」的改變，不一定會改變「信息」。意思是：縱使我們把今日通行的希臘文新約聖經版本所展示的眾多異文，通通從校勘欄內搬至正文，都不會改變我們的上帝觀、基督觀、救贖觀、甚至是對整體信仰的認識；換言之，在神學建立或教義辯證上，這些異文都不會改變我們所相信的基本要理。但另一方面，當仔細研究每卷書的信息，以至分析每段經文時，對某一異文語句或取或捨，卻顯然會構成文意的差別。

這好比在電話中不時聽到的雜音一樣，這些雜音一般都不會妨礙對話雙方的溝通，但當雙方要作一些資料性的交流時，如報上個人資料來預訂機票，就必須仔細而準確地傳達信息，所謂「差之毫釐，謬以千里」，對話雙方必須排除萬難，務要確定對方所言所聽無誤。由此可見，雜音的確會造成理解上的偏差，但相對於整體溝通而言，這偏差所影響的層面卻仍是相當有限的，基本上無礙兩者絕大部分的溝通。

這個情況亦可反映一個普世性的語言現象，即所謂語文的「冗餘」(redundancy)現象。意思是，在一段普通的對話裏，說話者所使用的詞句，往往比實際語意和資訊傳達所需要的超出很多(我相信大多數讀者在聽課或聽道時必定有這方面的經歷)，這一方面反映說話者的性格、技巧和當時的心情，但另一方面亦與該語言的「文本結構」(discourse structure)有關，因為不同語言的資訊傳遞密度都不相同。正由於這語文冗餘的現象，雜音所帶來的若干偏差完全可被克服，根本不成問題。事實上，人類的語言溝通就是在這冗餘與雜音的互動下進行，倘若人類的語言溝通如電腦程式語言般「精確」和「規律」，那會是多麼沉悶的一回事呢！

強調「信息不變，而非文字不變」並非是甚麼新鮮的觀念，其實這是我們在信仰生活中一貫的態度和信念。就以聖經譯本為例，雖然市面上有那麼多聖經譯本，但我們均相信，不同的譯本只是同一番信息的不同表述；閱讀不同聖經譯本的信徒並不會成為信仰不同的基督徒。

此外，我們不能不緊記，不同的人對「差異」的接納程度往往代表著不同的價值觀念，這與其教育背景、社會文化、以至教會傳統(特別當牽涉宗教事情時)息息相關；在討論「無誤」或「無錯」的觀念上，這一點是非常重要的。事實上，不同時代的人對「準確性」的要求程度亦有差異，特別是現代科技進步，往往要求更精確的數據分析，這顯然大大提高了現代人對「準確性」的要求程度。我們可以試想這個例子：倘若耶穌不是餵飽5000人，而是餵飽5001人、或是5010人、或是5100人，我們會否說聖經作者的記錄出錯呢？怎樣的偏差才算是錯誤呢？我們對所謂的「偏差」又可以有多少的寬容度呢？要多大的偏差才足以動搖我們對聖經無謬誤的看法呢？我想，這些問題的重點並不在乎答案是甚麼，而是在乎問題本身正反映著不同時代的人對「準確性」的定義和感受均有差異。

還有一點，文字出版的影響亦不容忽視。受西方文明影響的社會往往強調文字書寫的模式，於是，字眼間的歧異就因列印出版而更具體地呈現出來；但在一些較著重口傳模式的社會裏，焦點則放在較大的篇幅和整體的信息上，字眼間的歧異反而不會那麼突顯。這並非說聽覺不如視覺般敏銳（這當然視乎各人而定），而是在聽覺上，我們的確會較注重所接收到的整體信息，過於斟酌每句說話本身。

因此，儘管 BHS 和 UBSGNT/NA 仍存在一些不能解釋的異文問題，但我們卻又的確可以依賴這兩個經文版本，順暢地了解我們的信仰。事實上，對一般信徒而言，那些異文問題未必會產生切身的影響，因為大多數異文的內容，只強調或表達了一些細微的差別，但其實這些意義早已蘊含在整卷篇章之中；只是一旦要仔細處理個別經文的意義時（主要是原文釋經），學者們才不能逃避那些「雜音」的問題。

我們又可參考早期教父如何處理這問題。在新約聖經正典的形成過程中，我們發現，一本書卷是否被列入正典始終取決於書卷的信息，而不是取決於文本的抄本證據。事實上，篩選的準則永不純粹是歷史方面的考證，否則，佚名書卷如希伯來書也不會在正典中出現，而同一件事蹟在4本福音書的不同的編排和表達也斷不會同被接納。古時的聖徒不但可以將一份歷史文件的信息與其欠缺一致的文字表達區分開來，更可以一方面承認不同教父所引用的經文各有出入，另方面卻仍然堅信聖經信息的一致和權威，這觀念是我們應該學習的。

我們必須經常提醒自己：縱使我們對主耶穌基督的認識顯然是來自聖經，但我們的信仰卻不是建基於某份文獻，惟有整本聖經所描繪的那位復活的主耶穌基督本身才是我們信仰的核心。此外，就算一個異文不被視為原來的經文，它也可以是一個註解，闡明原文的意義，或啟迪我們認識基督教會在某段歷史時期對該段經文的理解，這些異文甚至可以成為神學討論的素材、宣講和教導聖經的範例。

a. 在你的日常生活中，你有否留意不同的人(如不同年紀、職業等)對「準確」的要求程度或有出入？這點可否幫助你對「經文雖有歧異，但信息卻不變」的現象有多一點的體會呢？

b. 在處理異文和抄本之間的歧異時，我們不期然會問：「承載上帝話語的文獻竟然在不同的時代都有不同的版本，那麼，人是否真可以憑藉這些會變的媒介來領受上帝永恆的信息？」你對上文所提供的解說是否滿意？

c. 古時的人如教父或猶太人能夠接受文本差異的情況，但現代人卻似乎較難接受。你認為是甚麼原因呢？

第三章

研經之難，難在……

- 差異中的一致
- 文化問題
  男性語言、文化差異、表達問題
- 歷史問題
  舊約歷史書的問題
  福音書的歷史問題
  古代的洪水故事

與其他宗教不同，基督教乃建立在人類歷史的基礎上。聖經本身就是要指出，上帝通過人類歷史與人相會。正因如此，基督教信仰不僅繫於「實證資料」而已，更重要的是見證著上帝與人之間的經歷，而後者是屬於個人層面的，是主觀的。

因此，閱讀和解釋聖經就不可能單純是客觀分析的事，而是在很大程度上涉及釋經者的主觀性參與。因此，若你發現自己對某段經文的解釋，與你的朋友或牧師的解釋有所不同，不要以為稀奇。

在你開始研讀聖經之前，讓我們先對研讀聖經時可能產生的問題——諸如基於現實處境的差異和文化背景的轉移，而對聖經有不同理解——有所認知和準備。

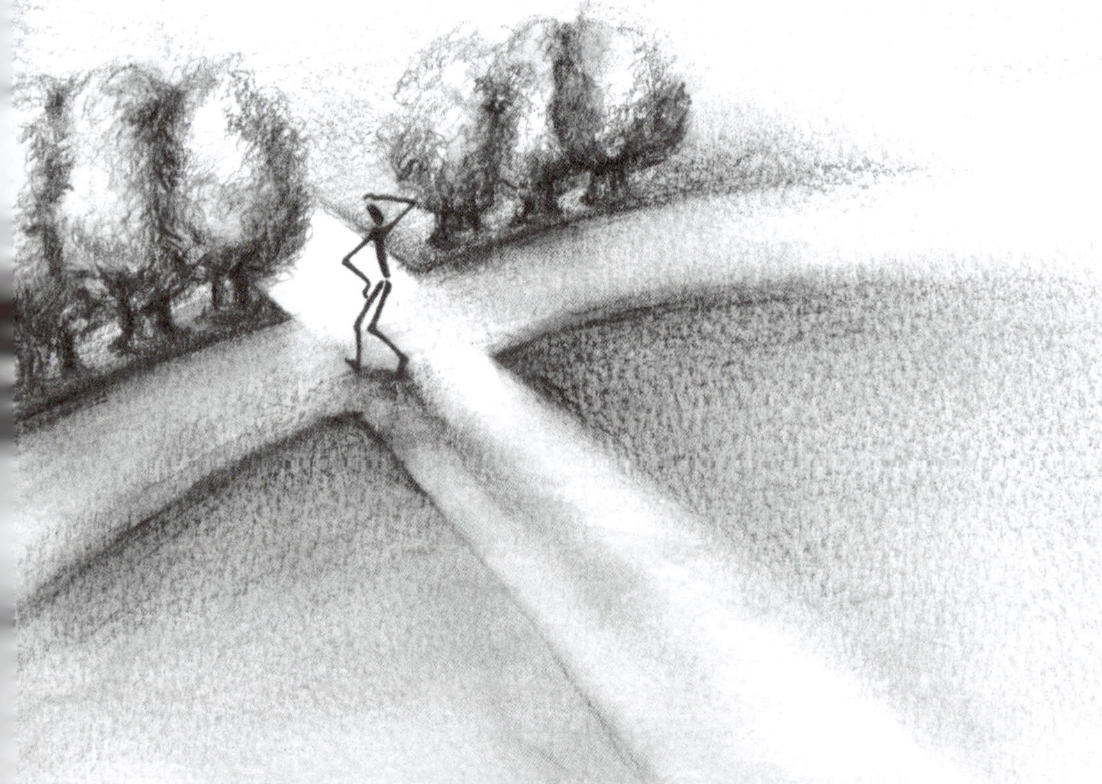

差異中的一致

基督徒相信上帝的完備啟示已記錄在聖經上。雖然**基督教界**中的不同派系所沿用的聖經書卷總數不盡一致，但聖經中心信息的部分卻完全相同。總數的不同只是反映舊約聖經源於兩個不同的舊約正典的版本(新約是完全相同的)。正教和天主教都接納了某些舊約次經書卷，所以他們有一個較長的舊約正典；而新教則不接納舊約次經為正典的一部分，因而有較短的舊約正典。我們的目的並不是要評論各派系的正典或神學傳統的對錯——何況這問題根本就沒有所謂「對」、「錯」之別。我們更重要的目的是(最少對本人而言)，先學會了解各派系立場背後所持的論據，並欣賞其各自的優勝之處，從而尊重那些與我們論點不同的派系。

即包括正教、羅馬天主教和基督新教。

這差異的情況，不單單出現在教派之間，甚至在各個教派內部，也表現出不同程度的差異。屬於基督新教的宗派主要有聖公會、宣道會、浸信會、信義會等。原則上，聖公會的舊約聖經應該包括次經書卷，但一般華人聖公會的堂會所沿用的中文聖經版本，都沒有次經書卷。儘管在華人教會中，這些宗派之間的差異已趨於淡化，並不及在西方世界明顯，但每個宗派對某些經文的理解或仍有特別的立場，就連在譯詞上也可能有特別的執著，例如浸信會就堅持把聖經中「施洗」的「洗」字翻成「浸」。在教派的層面以外，不同的人對經文的解釋也會有明顯的分別。事實上，每個人均帶著自己獨特的社會、文化、教育背景和**不同的期望**來讀

例如：期望聖經能解決個別不同的處境問題，又期望自己對聖經的解釋能與所屬教派傳統吻合。

聖經，因此，聖經雖只有一本，但對聖經的解釋卻可存在種種的差異。

那麼，在眾多宗派和個人對聖經的見解之中，誰的見解才最「正確」呢？也許我們可以大膽地說：在很多情況之下，很多見解都是正確的！還記得「瞎子摸象」這個故事嗎？在5個瞎子中，每個都確信自己得到了正確的感知，他們在其認知範圍內，確實正確地感受到實物的真實性：大象的腿確實像一棵樹，尾巴確實像一條粗繩，耳朵確實像一把扇子，象鼻確實像一條軟管，軀幹確實像一堵牆。他們的問題乃在於沒有一個能夠抓住「大象」的整個實體。

當弟兄姊妹對某段經文的見解與你有別時，你曾否因而質疑他們的信仰？

研讀聖經的人就有如這些摸象的盲人一樣，各自有不同的觀點，必然會得出各式各樣詮釋聖經的結果。雖然在大多數的情況下，差異都不會太大，但這些差異已足以把人分門別類了。就以參與撰寫本叢書的每位作者為例，他們都是受過嚴格神學訓練的聖經學者，且試圖將「他／她所認為」是聖經的核心信息帶給讀者；他們所撰寫的固然反映一般學者的「共識」，但也同樣反映「各人」對經文的理解。沒有一位作者敢宣稱自己已經掌握了聖經最全面的意義和解釋，但透過彼此共同的努力，確實盼望能將聖經的信息更全面地呈現出來。

簡而言之，我們在閱讀聖經時，確實需要在一些信仰的核心事項(例如三位一體的上帝、耶穌的神人二性、全備的救恩、聖經的權威等)上持相同的立場；至於其他非核心性的觀點，我們則應該給予各人空間，讓各人能發揮自己的觀點。我們應該持彼此相愛之心，在對方不同意我們的觀點時，不至於無限上綱，質疑對方的整體信仰，甚至否定對方的誠信；我們應該抱著豁達的態度。現代教會最可貴之處，在於信徒在教會裏不會因為發表與教會傳統不同的觀點，而遭受排斥或打壓。然而，要留意，過分的包容和體諒也是構成異端邪説出現的原因之一。此外，一些新興觀念（例如對同性戀的看法）可能也挑戰基督徒原有的價值取向，因而使信徒偏離上帝（或教會）的教導，故亦要小心處理。總而言之，在解釋和應用聖經上，我們有時需要以嚴肅認真的態度慎思明辨，不可苟且妥協；有時則宜以包容的態度處之，這是讀聖經的藝術。

a. 在某程度上，解釋聖經是主觀的，你認為有甚麼主觀的因素影響著我們對聖經經文的解釋？

b. 試分別列舉我們信仰中一些核心的信仰內容和一些非核心的信仰內容。

c. 試想你是查經班組長或主日學老師，你的組員對一段經文各有不同的解釋，你會如何處理這情況呢？

文化問題

聖經是上帝啟示最完美的表述，這種表述不是發生在一個真空的環境裏，而是在人類歷史中，與人類相遇交織而成的。上帝藉著人類所經歷的人生來表達祂的信息。每個時代的人都活在有限的時空之下，受著當時的文化氣候所影響，因此，上帝藉著個別時代的聖賢向人類所宣告的啟示就自然受著歷史和文化的限制，而且，每個聖賢所領受的啟示只不過是全部啟示中的一部分，要集合所有這些啟示才成為上帝完整的啟示。整本聖經經過約1500年才完成，因此我們可以說，上帝的啟示至少是經過1500年的時間才完成！

聖經既屬古代的歷史文獻，成書時的歷史文化背景就必然與我們現今的時代大有分別。《聖經鳥瞰——基礎篇》第五、六章在歷史和文化背景兩方面作了簡略的綜覽，作為日後詳細探討和理解聖經書卷的起始點。在本系列隨後出版的要領本和研讀本中，各書的作者都會按需要在聖經的歷史文化背景方面作進一步的闡釋。

縱使我們對每段經文的歷史文化背景已有足夠的認識，但也不等於我們可以很順利和清楚地了解當中的信息，甚至將之應用在生活上。既然上帝藉著個別時代的聖賢向人類所宣告的啟示，均受著歷史和文化的限制，那麼，原是在某特定時空下所寫下的聖經，又如何與跨時空的讀者(即你和我)溝通得來呢？這個問題可不簡單！我嘗試借用幾個聖經的例子，讓你感受「解釋聖經」和「應用聖經」的難處。

男性語言

古代社會都是以男性為主導的，舊約和新約的社會同樣反映這樣的情況。在這種男女不公平的文化和社會背景之下，聖經作者亦自然用了「男性語言」來表達上帝的信息；這是不理想的（從我們的角度來看），但卻又是無可避免的。雖然在聖經中也有一些經文表現了上帝的母性形象，甚至更有經文將上帝比作在產難中的婦女，但就整體而言，聖經對上帝的描述還是以男性為主。到新約和早期教會時代，情況更加明顯，就連基督教的核心教義「父、子、聖靈的三位一體觀」都是以男性形象表達的。

賽49.15；路13.34

賽42.14

我們都會同意，上帝的完全不會因祂或男或女的形象而有所虧損，但這種以男性為主導的語言，明顯影響我們對經文的解釋。更不幸的是，過去2000年的西方歷史中，聖經中的男性語言和男性的主導地位皆被強化，這種情況甚至被合理化、真理化、絕對化。

到了現今講求男女平等的時代，如果由我們來寫聖經，我們大概會用一種較**「中性」**的方式來傳達上帝的信息。因此，有人提議使用「包容性語言」(inclusive language)，稱上帝為「父母」而不是「父」。這無疑是化解「男性語言」的方法之一，但卻非惟一的方法。基督教信仰在過去2000年的發展中，已固定地沿用了一組特定的詞彙，若要把這類宗教術語重新改編，只會造成歷史斷層的現象，並不可行。

較可行的做法是，把聖經中一些明顯是指「男女」的男性字眼修正過來。例如在新約聖經（特別是保羅書信）中的稱謂：「弟兄們」（複數），其實亦包括教會中的姊妹們，因此，翻譯成「弟兄姊妹們」就更好。

對於那些已經習慣以男性語言來表達信仰的人來說，最要緊的是要將所借用的文字意象與背後所表達的信息分辨開來。換言之，聖經只是借用男性語言的意象來表達屬於全人類的信息，為要使人類在其理性範圍內能明白上帝的屬性。因此，男性語言只是一個工具，原沒有絕對化的地位，亦根本不涉及今天所謂的男女不公平的問題。

a. 除上文所引用的經文例子外，有沒有其他經文可見上帝是以男性／女性身分出現的呢？

b. 有人建議以「中性」或「包容性」的字眼來描繪上帝，你對此有何意見？這會否影響我們對聖經經文的解釋？會否使你（特別是姊妹）感到舒服一點呢？可試從聖經中尋找例子加以討論。

文化差異

既然聖經原是向某特定時空的人說話，當中的教導自然是為指導該時空的人如何生活而寫的。這些教導——最少有一部分——經過跨世紀的歷史變遷後，是否仍能適用於接著的每一個時代和社會裏呢？那就見仁見智了。

有人認為，聖經對於諸如服飾、髮型和敬拜方式等的具體教導依然適用於今日，但亦有人認為人類社會不斷發展，這些涉及歷史文化的聖經教訓未必能完全依照字面沿用，更不是放之四海皆準。舊約的飲食規條就是最典型的例子。這些規條與文化和時代背景有密切關係，起初，原只為當時的猶太人而設，而沿襲至今，亦只成為猶太文化的一部分。

今天仍有基督徒羣體恪守舊約的律法和規條，因為他們認為這些舊約律法不但為歷史上的猶太人而設，也同時針對所有時代屬上帝的人而言，所以絕對可以應用在每一時代中。然而，今日大多數的信徒和學者則嘗試以「預表」和「對範」的釋經方法來解釋這些規條（參《聖經鳥瞰——基礎篇》第三章中「預言和預表」一節），認為這些規條的「神學意義」**已經在新約時代（特別是在主耶穌身上）成全了**，故「無須」再遵守，甚至「不應該」繼續遵守，因為舊約是新約實體的影子，在新約實體既成之後，若仍繼續遵守影子的規條，這無疑推翻了耶穌所成就的新約實體。

若按這種神學方式解釋舊約規條，這些規條都會失去原來指導性的作用。那麼，你認為今天的基督徒還要繼續閱讀這些舊約經文嗎？為甚麼？

又例如很多古代宗教在敬拜中都會載歌載舞，舊約在這方面也有不少的記載，最突出的例子就是有關大衛敬拜上帝的記載。當時大衛登基不久，在迎接上帝的約櫃進入耶路撒冷時，他非常開心，載歌載舞。我們應該如何應用這段經文呢？我們是否在敬拜的時候也要擊鼓跳舞呢？抑或我們可以視之為當時猶太人、甚或只是大衛的表達方式而已，並非要作為一種規範？無論如何，這種載歌載舞的敬拜方式與傳統教會的「靜

撒下6.12~23

態式」敬拜顯然很不相同。

雖然這類問題在舊約聖經特別明顯，但其實新約聖經也有不少這類涉及歷史文化的教導。保羅在哥林多前書曾命令婦女在教會聚會中禱告或講道時**必須蒙頭**，並須在教會保持沉靜。這是否意味保羅對女性心存歧視，暗示女性處於次等的地位？而這都是聖經的教訓嗎？絕對不是！保羅只是針對當時婦女在社會中的生活模式而作出具體的教導。對於當時的人而言，他們完全明白保羅真正的動機不是要貶低女性，因為當時的婦女在公眾場所出現也會蒙頭，這只是一種日常的禮儀。保羅如此教導，目的是要當時的教會建立有規矩、合禮序的羣體生活。雖然至今的確仍有教會按字面而行，堅守蒙頭的習俗，而我們亦很難評論他們的做法是對是錯，但我們可以肯定的是，「蒙頭」與否於得救而言可謂是無傷大雅的。至於雅各書明明提到替病人**抹油禱告**，今天卻沒有多少教會會厲行遵守了。由此可見，對於一些涉及歷史文化的聖經教訓，儘管今日仍有個別教會恪守遵行，但也不會全面奉行。

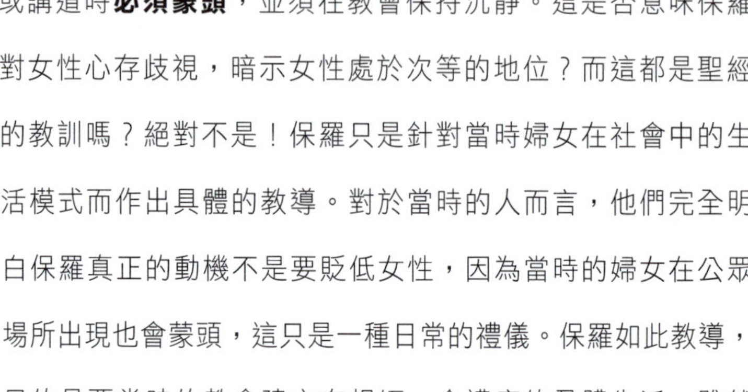

女士們，倘若你的教會決定一改以往的做法，規定女士在教會聚會中禱告或講道時必須蒙頭，你會如何反應？

你認為今天一般的教會可如何實踐「替病人抹油禱告」這方面的教導呢？

另一個較難處理的課題是有關聖經中主要人物的世界觀。我們是否要視這些人的世界觀為永恆教訓的一部分而必須依從？抑或那只反映聖經時代中某類文化的一種，並沒有指導作用？例如按路加福音八章22至25節的記載，耶穌「斥責」風和海，使風浪平息，毫無疑問，這是個神蹟，但耶穌「斥責」自然現象這舉措，似乎反映古代世界一種很普遍的觀念，即人民的生活和自然界的各個層面都受控於某些神明（或善或惡）之下。

此外，路加福音四章38至41節耶穌醫治西門的岳母的記載，同樣反映這樣的觀念。從今天的醫學角度來看，這可能只是發熱，但耶穌卻「斥責」那病。難道今天有狂風雷暴時，我們也會認為這是一種屬靈的操控嗎？**又或孩子生病時，我們會找牧師來趕鬼嗎**？事實上，有些基督徒，特別是那些注重經歷上帝施行神蹟的羣體，往往會傾向視這種古代文化的世界觀為聖經教訓的一部分。但筆者倒認為，身為猶太人的耶穌，生於當時的猶太人世界，自然會以當時的人所能理解的方式來表達和施行神蹟，但這方式不一定要具備永恆的權威，這只是上帝為俯就當時的人，才用來作為施展祂能力的規範。

當我們患上惡疾時，也許會請傳道人或牧師來祈禱，而他們在禱告中也許會說：「奉主耶穌基督的名，把病趕走！」你對此有何意見呢？

讓我再舉另一個例子。我在《聖經鳥瞰——基礎篇》第五章的「新約時期的猶太教」一節中，曾介紹過起源於兩約之間的「天啟思潮」，學者深信這神學觀念在新約時代是主流的思潮，因此，它也影響著耶穌和所有使徒的思想，甚至有神學家聲稱這觀念是進入新約神學的鑰匙。它既是這麼重要，我們應該如何學習這世界觀呢？對於大多數現代人來說，「天啟思潮」的觀念似乎過於悲觀：既改變不了現實處境，就以放棄的態度對之，不再理會現世所發生的事，轉而將一切寄望於將來。難道基督徒也要這樣處世嗎？很難說吧！儘管我們不會把整套神學觀念照單全收，但仍得承認它有可取之處，就是在我們解決不了的事情上，仍要確信上帝是掌權的，縱使今天我們看不到上帝的參與，我們也應該相信祂不是坐視不理的。這一點為現在受苦的人帶來希望，亦是新約最後一卷書卷啟示錄的最重要信息。

總括來說，在解決這些問題時，切忌以「一刀切」的原則來處理，必須按個別的情況小心斟酌。

a. 我們既不能將所有涉及歷史文化的經文都一概視為不合時宜，則我們又當如何衡量哪些經文只須取其信息背後的精要？哪些經文卻必要按照字面意思去奉行呢？試舉例說明之。

b. 除上文所引用的例子外，嘗試從聖經中尋找更多與文化差異有關的例子，並加以討論。

表達問題

由於舊約聖經是用希伯來文寫成的，而新約聖經則是以通用希臘文寫成的，所以於我們而言，聖經與我們顯然存在著語言上的隔膜。但這節要討論的並非涉及個別語言翻譯和理解的問題，而是關於語言風格和修辭表達方面的問題。

太5.27~30 以耶穌的教導為例，他曾指示我們去掉身體上導致人犯罪的肢體。現代的信徒幾乎全都同意，耶穌所表達的是一個象徵性的意義，而不是實際行動的要求。這可說是一種修辭表達。若讀經的人完全按著字面的意思去行，結果可能所有的「好」基督徒都會成為肢體殘缺的人，因為沒有一個人能夠不犯罪——不過，第3世紀的偉大神學家俄利根，又確實完全地按著字面的意義解釋這段文字！論到預言、教會秩序、風俗習慣和其他的主題和觀點，不同的聖經作者都表現出個別不同的寫作風格，使用了不同的修辭用語，呈現相當多元化的局面。當查考這些經文時，有些人會按字面來領受，亦有些人視之為修辭手法，從而探求出作者背後所要表達的信息，然後才決定如何去應用這些教導。

另一個例子是關於我們要與不信的人分別開來的教導。大多數人將哥林多後書六章14至18節視為一屬靈的表述，就好像一個比喻一般，它籠統地教訓猶太人應抱著怎樣的原則與外邦人相處。但有些人尤其會將哥林多後書這段經文應用於婚姻的範疇，他們會依字面的意思，以這段經文作為教會婚配的規範，換言之，他們絕對不能接受信徒與不信的人結婚，結果，保羅在這裏所表達的勸勉就無疑成了一個誡命。其實論到婚姻的課題，保羅在哥林多前書亦曾教導信徒處理的原則，其中也有
林前7章 就著不信的配偶而作的指引。

福音書中記載耶穌的一些言論教訓，若單從表面上看，幾乎是不可能達到其中所要求的。耶穌教導門徒要無限量地（文中的「七十個七次」就是這個意思）饒恕那些得罪我們的人，最後耶穌說：「如果你們各人不
太18.35 肯從心裏饒恕弟兄，我的天父也要這樣對待你們。」這番話明顯帶有威

嚇的意味，但面對這嚴厲的威嚇，人卻感無望，因為試問誰人會有上帝般的胸襟，可以無限量地饒恕身邊的人呢？那麼，天父豈都不饒恕我們所犯的罪嗎？其實，「威嚇」往往帶有一種語用功效（pragmatic effect），藉著「如果你……我就……」這從句（If-Then clause）的形式來帶出一種誇張的效果。我們日常也不時會用這種表達方式，特別在教導小孩子之時。說話者用這種語用功效，並非真的期望「如果你……」的事發生，然後實踐那種威嚇性的行動；反之，說話者極之不希望這「如果你……」的事會發生，所以就以一種不對稱的結果（或相當嚴重的後果）來威嚇對方。因此，在這個例子裏，耶穌講這句話的目的，不是要表達條件句式的表面意義，而是要帶出耶穌（或上帝）對這事情的迫切感，好叫聽的人不掉以輕心。

很多信徒傾向要把聖經變成日常生活的典章，希望能夠從中歸納出一些可行的規條，這個動機固然是好，但卻忽略了聖經中有不少規條，其實是要指出一些**道德倫理的理想**，並非寄望我們可以
在今生、甚至一下子完成。例如愛人如己、愛我們的仇敵、 加5.14 路6.35
無限量的饒恕和「你們要完全，正像你們的天父是完全的」 太18.21~22 太5.48
等教導，都可謂是我們花一輩子的努力都未必能學完的功課。

上帝既在聖經裏明確地指示祂的誡命，當然就是要我們遵守。這裏的意思並非指我們可以以此作為開脫自己的過犯的藉口，只是當我們勉力按真理而行時，也不要因為未能全守這些誡命而產生過分的內疚。

還有一些更難處理的經文，就如存在著互相對立的教訓的不同經文，這些經文經常令我們感到無所適從。就以「死刑」為例，支持這觀點的會以舊約律法為憑：「凡打人致死的，必須處死」，但反對的觀點則認為整本聖經均清楚教導：生命乃 出21.12
在上帝手裏，賜予生命的和取回生命的都是上帝。更有人引

用約翰福音八章1至11節支持反對的一方，認為耶穌既然沒有把那在行淫時被捉拿的婦人處死（這假設耶穌確實有這種權力），正表明他希望給每個人悔改的機會。要協調這些立場不同的經文，實在不容易。

這些問題之所以產生，正因為基督教極重視聖經的教訓。信徒都渴望徹底遵守這些教導，在面對矛盾時，更希望從聖經中找到確切的根據。但在多數情況下，聖經的詮釋往往不能黑白分明地為我們提供答案，以致在應用上有很多不同的取向，最終亦難以得出定論與達成共識。

a. 關於上文提到的例子，如與不信者結婚和死刑等，你又如何解釋這些經文？

b. 撒母耳記下一章26節說：「我兄約拿單哪，我為你哀哭；你對我親愛異常！你的深情何其美好，遠勝過婦女的愛情。」有些人憑這節經文指大衞與約拿單的關係正是同性戀，你又如何解釋這段經文？

c. 馬太福音十章30節說：「至於你們，連你們的頭髮也都數過了。」我們的頭髮是否確實被數過？你如何解釋這節經文？耶穌藉這句話要表達甚麼信息？

歷史問題

論文學體裁，聖經的內容主要是敍述體。很多人認為敍述文體往往給人一種「真實」的感覺，再加上聖經中的敍述文體往往會以歷史事實作背景，我們自然會以為聖經中所有的敍述文體都是真實的歷史。聖經確實包涵了很多很重要的歷史資料，我們甚至應該説，基督教信仰是建基於一些在人類歷史中曾經發生的史實上。然而，這並非表示「整部」聖經所記載的內容都曾如實發生，也不表示我們可以用現代歷史研究的尺度來鑒證聖經中的歷史類資料。

舊約歷史書的問題

我們在《聖經鳥瞰——基礎篇》第五章所提到的「聖經歷史簡述」，幾乎完全取材於舊約書卷，並從舊約聖經作者的角度來重構這段歷史的框架。然而，以色列人寫舊約聖經最重要的目的卻並非要交代歷史的演變，而是要記述他們的民族如何經歷上帝。宗教經歷本來就是主觀的，不可以驗證的，但聖經作者卻選用歷史敍述的方式來表達這些主觀的經歷。這種結合固然使文體生動活潑，但對現代知識分子所帶來的問題是，他們很難分辨甚麼是主觀宗教經驗的表述，甚麼是客觀歷史資料的鋪陳；事實上，不少舊約歷史書敍述的內容都缺乏詳盡和客觀的歷史證據支持。

要驗證某些資料的可靠性，根據歷史學家要求，最少要有兩種獨立的證據支持，才可以接納其可靠性。這樣的要求是合理的，亦是一般訂定法律的基礎。但在舊約歷史研究上，我們所遇到的問題是，除了舊約聖經書卷或取材自這些書卷的古代文獻外，我們根本就沒有其他的歷史資料作為佐證。考古的資料和聖經以外的文獻似乎都提及一個仿如「希伯來民族」的羣體，但至於聖經中很多重要的人物，如那些顯赫的族長亞伯拉罕、以撒和雅各，卻沒有任何史料提及過。

這節的討論參考自著名古近東歷史學家和舊約史學家Jack M. Sasson於2001年主講的「傳經講座」（中文大學崇基學院神學組舉辦）。

1923年英國人烏利爵士（Sir Leonard Woolley）發現了吾珥城，這確實為聖經研究界帶來很大的鼓舞。這發現的確讓我們對美索不達米亞的文明了解多了，也證實了聖經提及的許多地方是確實存在的，但這依然不能證明亞伯拉罕的存在和他的事蹟。另外，更令人費解的是，以斯拉和尼希米等人在波斯王朝都曾擔任過高官要職，但在現存的波斯官方文獻中，卻從沒記載過他們的名字。

這些既複雜又敏感的歷史問題令所有舊約學者（特別是那些有切身性關係的猶太裔學者）費煞思量；有些學者企圖從經外歷史文獻的字裏行間，（勉強地）把舊約故事中的情節讀出來，但卻未盡令人信服。

我們的態度則應該較為謹慎；筆者嘗試提出以下的建議供讀者細思和參考：

1. 舊約的歷史問題的確是存在的，而且我們也不能忽略它。儘管不是我們每個人都能夠處理這些問題，但我們不應以為單憑「信念」或「信靠上帝」就可以把問題掩飾得一乾二淨，然後單純地憑信心聲稱書中的資料全都是史實。
2. 與前一論點相對的是，沒有確實的歷史資料支持舊約記載的史實性，並不等於聖經所記載的就必然有誤或不真實。歷史學的研究往往受著考古學的牽制，因此，今天我們未發現與舊約歷史直接相關的資料，並不等於日後永不會有此發現，更不等於有反證的資料。

於1993至1994年，考古工作隊於以色列古城但發現了多塊玄武巖石塊，合併起來，發現上面刻有的記載與列王紀下八章7至28節有關；最特別是石刻上對猶大王亞哈謝的稱呼：「大衛家的王約蘭的兒子亞哈謝」。這是「大衛家」首次在舊約以外出現，亦顯示出「大衛家」的歷史真確性是不容置疑的。這項資料由華人舊約學者羅慶才博士提供。

3. 最重要的是，不要以為我們的舊約聖經是一本純歷史書（它當然也不是一本探討科學的書）。聖經無疑包括很多歷史類資料，而作者的表達方式亦明顯地給我們很清晰的歷史感，但這些都不是舊約聖經的核心內容。聖經最重要的信息是要表達一個「信仰」，是上帝與人類相遇的經過，以及述説上帝對人類的救贖。正因這緣故，有學者認為「即使」舊約聖經大部分歷史的記載，都只是由後期的以色列人所編寫，但因為他們的目的是要表述他們的信仰，所以這也不影響人對上帝的尊敬與崇拜。

問題是複雜不過的，以上幾點也許只是一些指引，幫助讀者思考這方面的問題，但至終仍未能徹底解決這個問題。或許，我們應該坦白地承認，根本就沒有可解決的方法。凡願意面對信仰的人都應該學習活在一種吊詭的張力中，一方面要尊重學術研究，另一方面也不要把我們的信念或信仰「完全」建基在學術研究的結果上，而且要坦誠地接納在我們研究聖經的範疇中，實在還有無數解決不了的問題。

a. 舊約的敍述文體往往給我們怎樣的感覺呢？

b. 作者提出了3個指引幫助讀者面對舊約歷史真實性的問題，你可如何把它們應用在其他經文中呢？

福音書的歷史問題

與舊約歷史相比，新約歷史有較多的史料證據可作參照。然而，這也是新約歷史的問題所在。就以記載耶穌生平的福音書為例，我們所沿用的書卷就不只1本，而是合共4本，且4本之間在記載上又有相當明顯的出入，甚至有自相矛盾和彼此衝突的地方。

就如有關耶穌受試探一事，記載的內容主要包括耶穌與魔鬼的3次
太4.1~11 對話，按馬太福音的記載，對話的次序是：「石頭變麵包（《和合本》將
「麵包」譯作「食物」）」、「從殿頂跳下」和「俯伏敬拜魔鬼」。但按路加福
路4.1~13 音的記載，第二次和第三次對話的次序剛好倒轉。又如有關會堂主管葉
魯的女兒得醫治的事，據路加福音和馬可福音的記載，當葉魯去見耶穌
可8.23; 路8.42 的時候，他的女兒只是「病重垂危」，尚未致死，但馬太卻說她「剛死
太9.18 了」。究竟誰的記載才最準確？此外，同一事件的發生，也可因著福音

> 關於這些「符類福音問題」的討論，可參考孫寶玲和黃錫木合著的《耶穌生平與福音書要領》1.3和1.4兩節。

書作者各自不同的敘事編排，而在時序上呈現很大的分歧，例如按馬可福音六章1至6節和馬太福音十三章53至58節的記載，「拿撒勒人厭棄耶穌」這事是發生於耶穌3年傳道生活的中期，但路加福音卻將這事置於耶穌傳道生活的早期。**我們應該如何處理這些分歧和矛盾的現象呢？**

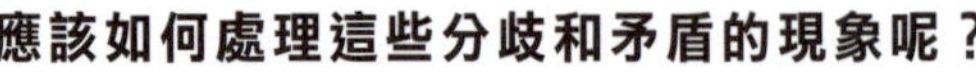

若我們對歷史敍述的期望是字眼和次序都不可以改動，那麼不同福音書對同一事蹟的記載確實構成很大的真偽問題；但倘若我們認為，作者可以按他的理解（或神學洞見）、甚至按他取材的來源，而把資料加以編排，這樣，我們就能夠把焦點集中在個別書卷所要表達的信息上。

無論是舊約的歷史書還是新約的福音書和使徒行傳，我們都不應單用「歷史」一詞來定規它們。因為作者並不是旨在記述「歷史」，而是要談及「信仰」，將上帝與人類相遇的經過、以及上帝對人類的救贖表述出來；簡單來說，這是「神學性的敍述」(theological narrative)。福音書如是，使徒行傳也不例外。近年愈來愈多學者相信，使徒行傳作者並非要寫一部初代教會史，而是要藉著初代教會所發生的事蹟，展示聖靈如何把耶穌在世幾年間所開始的工作延展至初代教會時期。

在早期教會時期也曾有人把4卷福音書的內容加以綜合協調，企圖化解4卷福音書的分歧現象，編寫了第五本的福音書，稱為《四福音協調本》。這書的確流傳了好幾個世紀，但只在敍利亞教會中使用。但無論如何，在福音書成典的過程中，絕大多數早期的信徒都沒有因4卷福音書在內容上的差異，而企圖貶低這些書卷的地位和可靠性。明顯地，這是因為他們較現代人對這些書卷持有更正確、通達的態度。

a. 試從四福音書中找出在內容情節上互有出入的事蹟記載。

b. 何謂「神學性的敍述」？

c. 你喜歡一本像《四福音協調本》的福音書嗎？還是你寧願保留現在4卷不同的福音書呢？為甚麼？

古代的洪水故事

古代近東地區有許多描述洪水泛濫、使大量人口死亡的故事。在世界各地，古代洪水的故事也很尋常，中國上古時代也有夏禹治水的故事。要考證這些故事是否指向相同的洪水故事，又或是否源自同一個版本(例如創世記的版本)，根本是不可能的。與創世記的記載最相似的洪水故事，可能是源自巴比倫地區的《吉加墨斯史詩》(*Gilgamesh Epic*)，這史詩的成書日期遠比摩西時期還要早。

在《吉加墨斯史詩》中，有一位英雄烏納比士廷(Utnapishtim)在夢中得到伊亞(Ea)神的指示，命令他造一艘船，因為眾神靈正計劃差遣洪水毀滅大地和其上居住的人類。於是烏納比士廷造了一艘立方形的船，並用有粘合作用的樹液填塞船縫，使之防水。然後，烏納比士廷帶領全家、造船工人和某些動物進入方舟。他們上船之後，有一場風暴蓆捲大地，只花7天的日子，洪水就掩蓋了全地，再經過6天之後，方舟就停在一個山上。烏納比士廷先放出一隻鴿子，後又放出一隻燕子，因為牠們在地上找不到立足之地，所以只好飛回來了。烏納比士廷後來再放出一隻烏鴉，牠卻沒有飛回來了。烏納比士廷離開方舟後，就向眾神獻祭，眾神承諾不再用洪水滅世。烏納比士廷被眾神接去，與它們生活在一起，並被封為眾神中的一位。

雖然這一類的洪水故事與創世記中的洪水故事頗有相似之處，但我們的焦點應該是它們的不同之處。《吉加墨斯史詩》的洪水故事指出眾神決定毀滅世界僅僅是因為人類打擾它們，而它們則以一種自私和殘暴的心態來實行這計劃；但反觀創世記的故事，我們所見到的卻是一位全能的上帝，因著人類的罪惡而心感憂傷，為了避免他們的罪惡繼續 *創6.5~6*
蔓延開去，祂才用洪水滅絕他們。至於挪亞所獻的祭物只為使上帝喜悅，卻不是要餵養上帝的肚腹；但烏納比士廷的祭物則是獻給眾神的，那時，眾神像蒼蠅一樣盤旋在祭物上空，因為它們饑餓了。

這兩個故事內容的差異，正反映出以色列人的宗教觀念有別於異族宗教的關鍵所在。大部分的古代族羣均信奉多神，以色列人則只信奉獨一的上帝，就是創造這世界的全能者。祂揀選了以色列民，在以色列人的歷史中顯出祂的作為，拯救他們。由於以色列人的先祖原是來自巴比倫，所以他們很可能早已知道這出自巴比倫的神話故事，甚至當他們撰寫**挪亞洪水故事時，極有可能在這個故事的某些情節中取材**，但鑒於大家的神學立場迥別，希伯來人的版本當然與巴比倫的版本截然不同。

筆者深信，上帝對聖經作者的默示並非毫無事實基礎的，而是往往藉著當時的文化和處境，表達祂自己永恆的信息。

溫習及思考問題

a. 試比較《吉加墨斯史詩》和創世記中的洪水故事的異同。

b. 中國上古時代夏禹治水的故事與創世記所載的洪水故事有何差異？

c. 倘若創世記的作者在撰寫洪水故事時，確實取用了當時流行民間、源自外族的洪水故事的情節，這會否影響你對聖經權威的看法呢？

最後的話

對於很多人來説，聖經中的歷史問題是最明顯的，這是由於現代人與古代人對歷史文獻有相當不同的期望。現代人一般認為歷史文獻的記述方式必須絕對客觀，按著史實的年代順序排列，完全不可加插撰寫者的主觀立場，這種期望明顯與古人的做法有別。

被譽為最出色的古希臘歷史學家之一的修希德狄斯(Thucydides)，在其著名的《歷史》(*Histories*)一書中，曾這樣表明他在寫作時運用直接引述的原則：

> 有些講話是我親身聽見的，有些是我從別的地方得知的；無論是屬哪一類，要憑記憶把所講的每個字都記下來是極為困難的。因此，我的原則是，按我對當時實際情況的了解，我便把我認為講話者理應有的説話套入他的口中；當然，我會盡量保留講話者原來的意思。(1.22.1)

對現代學者來説，處理直接引述應該是最嚴謹的，因為這牽涉到説話者的言責，但修氏的原則是按他「對當時實際情況的了解」，加以綜合複述。其實修希德狄斯的做法在古代社會是相當普遍的，而聖經作者的撰寫手法也反映出類似的原則。

前面已經説過，聖經確實包含了很多很重要的歷史資料，而基督教信仰是建基於一些在人類歷史中曾經發生的史實上。諸如耶穌的降生、被釘十架和復活等事件都是不折不扣的歷史事實。但我們卻不能基於這些歷史事實，推論整本聖經所記載的都必定按著字面上的次序和表達一一如實發生。要徹底地把「絕對」的史實和其他的「神學性的敍述」分辨出來是困難的，但對這情況有所醒覺卻是必須的。

我們得容許聖經作者有一定的自由度來編排他的資料，有時為要表達他的信息，他甚至需要重新編寫。聖經的主旨在於重建上帝與人之間已破碎的關係。當聖經作者記下這些重建人神關係的信息時，他們使用了歷史故事的方式；倘若我們發現其中有些資料與真實的史料略有出入，也不動搖他們所要表達信息的真確性。聖經作者要我們看重的，是文字所要表達的信仰(即人類與上帝重建關係的信息)，而非歷史、科學或地理方面的文字資料。

我們研讀聖經，切忌過於斟酌於表達的方法，而忽略了聖經作者所要表達的信息。既然如此，或許當某些人對某卷書卷或某段經文的歷史背景的見解與傳統立場有別時，斷不該被標籤為甚麼「開放派」或「新派」了！

結語

由於我們受著種種的限制，在釋經上往往難以尋求一個確切的答案，以致我們在閱讀或解釋聖經時經常遇到困難而感困惑。有時候我們要按著字面的意思直接解釋，但有時候我們又要揣摩字面背後所帶出來的信息，然而，我們卻沒有一個被公認而又一致的標準，來衡量所揣摩的信息正確與否。有時候一段經文可能有多重信息，彼此可互不關涉、甚至矛盾衝突，在這種情況下，我們或會不禁地問：「為甚麼要這樣操心呢？

為甚麼要如此費力地將聖經中有關歷史文化的風俗習慣與永恆真理的教訓區分開來呢？為甚麼必要將語言所傳達的明確信息與象徵意義分開？為甚麼要作如此複雜的辨析呢？」

理由很簡單，因為這些研究對研讀聖經的益處遠較所產生的困難為多。事實上，聖經中絕大多數的內容都是清楚易懂的，並不常需要如此費勁辨析，至於真正令人感到困惑迷惘的，只是其中的一小部分而已。如果將這些困難的部分看為挑戰，而不是信仰上的煩惱，那麼，你艱苦地從聖經中尋找到一些答案之時，所得到的滿足感將是難以表達的，而聖經亦會成為你個人屬靈生命和智慧增長的泉源。

研讀聖經就好像吃魚一般，怕哽骨的人可能只吃魚腩，但若要品嚐整條魚的味道，就要連魚頭、脊骨上的肉也要吃，而其中最困難的是你必先剔除魚骨，才可以吃到其中的肉。讀經也是如此，你可以只研讀那些淺白而直接的經文，每當遇上困難時，不妨將之置於一旁，這就是「貼著骨的肉」。但久而久之，我相信你不會滿足於淺易的經文吧！你會向那些深奧難明的經文挑戰，那時你就要將其中的「骨」剔出來。在這過程中當然要小心被骨哽住！但若果你成功地吃完這條魚，你不但從其中得到豐富的營養，你還會發現，即使是骨，也能給你無比的滋味，為你帶來出乎意外的滿足感呢！

溫習及思考問題

a. 作者說：「聖經作者要我們看重的，是文字所要表達的信仰（即人類與上帝重建關係的信息），而非歷史、科學或地理方面的文字資料。」那麼，歷史記載的意義何在？你對這點有何意見？

b. 以上這章是否令你對聖經的內容更生懷疑？抑或更挑起你研讀聖經的興趣？你對本書的論點有何意見？

c. 讀完這章之後，你是否願意開始訂下一個完整的讀經計劃，學習去吃整條魚？

緊扣時代 服事教會

以文字傳揚基督真道

讀者意見表

衷心多謝你購買本社書籍。本社一直致力以出版事工服事教會，幫助信徒扎根於神的話語，促進靈命增長。為使我們的出版更能滿足你的需要，請填寫下列各項資料，並寄回或傳真予本社。

所購書籍：________________

本書最吸引你的地方：
□作者　□適切性　□文筆　□設計　□實用性
□其他：________________

購買本書地點：
□基道書樓　□基督教書店　□非基督教書店

性別：□男　□女　職業：________________

信仰：□基督徒　□非基督徒

年齡：□ 16 歲或以下　□ 17～25 歲　□ 26～35 歲
□ 36～55 歲　□ 56 歲或以上

學歷：□中三或以下　□中五　□預科
□大學　□研究院

□我欲更多了解基道出版社的事工及考慮支持，請寄給我下列資料：
□機構簡介　□新書資料　□基道會員通訊
□《基道文字事工通訊》

姓名：________________電話：________________

地址：________________

____

傳真：________________ 電子郵件：________________

其他意見：________________

____

多謝賜教！

意見表可以傳真（2687-0281）或直接郵寄以下地址：
香港沙田火炭坳背灣街26號富騰工業中心1011室
基道出版社編輯部收